Peter Strüven

Der Befreiungsschlag

Dr. Peter Strüven ist Senior Vice President bei The Boston Consulting Group (BCG). Er war zwischen 1986 und 1997 Mitglied des weltweiten Executive Committee, hat drei Jahre das Büro in Tokio geleitet und war von 1991 bis 1997 Regional Chairman für Asien/Australien. Darüber hinaus war er von 1992 bis 1997 Chairman von BCG im deutschsprachigen Raum.

In seiner Beratungstätigkeit hat Peter Strüven Unternehmen aus den verschiedensten Bereichen betreut, mit Schwerpunkten im Investitions- (High-Tech/Elektronik, Maschinenbau) und Konsumgüterbereich sowie in der pharmazeutischen und chemischen Industrie. Schwerpunktthemen waren Strategieentwicklung, Unternehmensentwicklung, Internationalisierungsstrategien sowie gesamthafte Organisationsveränderungen global agierender Konzerne.

Er war Mitautor des 1998 erschienenen Buches »Gebt uns das Risiko zurück – Strategien für mehr Arbeit« und ist Gründungsmitglied des Kuratoriums der Bayerischen EliteAkademie.

Peter Strüven, am 5. Februar 1949 in Hamburg geboren, studierte Wirtschaftsingenieurwesen und promovierte an der Technischen Universität Berlin. Nach seiner Promotion studierte er an der Stanford Business School. Er arbeitete drei Jahre für die Siemens AG.

Claudia Palme ist Projektleiterin im Münchener Büro bei The Boston Consulting Group (BCG). Der Schwerpunkt ihrer Beratungstätigkeit liegt in den Bereichen Health Care, Chemie und Industriegüter, insbesondere auf Fragen der Unternehmensstrategie und des Wertmanagements. Im Jahr 2002 leitete sie das BCG-Team für die Studie »Deutschland AG«, deren Ergebnisse die Grundlage des vorliegenden Buches bilden.

Claudia Palme, geboren am 5. September 1970, studierte Volkswirtschaftslehre und Innovationsmanagement an der Ludwig-Maximilians-Universität München, wo sie 1996 den Titel einer Diplom-Volkswirtin erwarb, und Chinesisch an der National Normal University in Taipeh, Taiwan.

Dr. Claudius Christl war bis Dezember 2002 Berater im Münchener Büro der Boston Consulting Group (BCG). Der Schwerpunkt seiner Beratungstätigkeit lag in den Bereichen Automotive und Financial Services, insbesondere auf Fragen der Unternehmensstrategie und Portfolioanalyse. Im Jahr 2002 war er im BCG-Team für die Studie »Deutschland AG« für mehrere Module verantwortlich. Seit Januar 2003 ist Dr. Claudius Christl Referent für Volkswirtschaft im Bereich der Konzernplanung der BMW Group in München.

Dr. Claudius Christl, geboren am 14. April 1972, studierte Volkswirtschaftslehre und Physik an der Universität Bayreuth und der University of Leeds/UK. 1998/1999 absolvierte er einen Forschungsaufenthalt an der Otaru University of Commerce in Japan. Von 1998 bis 2000 war er als wissenschaftlicher Assistent am Lehrstuhl Wirtschaftstheorie an der Universität Bayreuth tätig, wo er 1999 auch promovierte.

Peter Strüven

Der Befreiungsschlag

Gesamtkonzept für Deutschlands Zukunft

Unter Mitarbeit von
Claudia Palme und Claudius Christl

WILEY-VCH

WILEY-VCH GmbH & Co. KGaA

Peter Strüven

Claudia Palme

Claudius Christl

1. Auflage 2003

Bibliografische Information Der Deutschen Bibliothek
Die Deutsche Bibliothek verzeichnet diese Publikation in der Deutschen Nationalbibliografie; detaillierte bibliografische Daten sind im Internet über <http://dnb.ddb.de> abrufbar.

Gedruckt auf säurefreiem Papier.

Printed in the Federal Republic of Germany

Satz Kühn & Weyh GmbH, Freiburg
Druck und Bindung Ebner & Spiegel, Ulm
Umschlaggestaltung init GmbH, Bielefeld

ISBN 3-527-50083-9

Inhalt

Vorwort

Die Herausforderungen, vor denen Deutschland steht, sind gewiss nicht neu. Zwar tauchte der Begriff der »Eurosklerose« bereits vor gut 20 Jahren auf, allerdings hat sich in den letzten Jahren im In- und Ausland immer mehr die Meinung verfestigt, dass Deutschland der »kranke Mann Europas« sei. Reformunfähigkeit und Staatsversagen werden uns vorgeworfen. Interessenvertretungen regierten Deutschland, Politiker seien lediglich Marionetten derselben. Der Föderalismus sei eine Staatsstruktur für Schönwetterperioden, die Konsenskultur verbaue uns unsere Zukunft. Klare Entscheidungsstrukturen, die notwendig wären, seien nicht vorhanden. Im Frühjahr des Jahres 2003 schienen plötzlich auch die Politiker aufzuwachen. *Der Spiegel* titelte: »Die Stunde der Wahrheit im Land der Lügen.«

Leider steckt mehr als nur ein Körnchen Wahrheit in diesen journalistischen Übertreibungen. Aus den komplexen Zusammenhängen von Wirtschaft und Sozialsystemen ist der Kern des Veränderungsbedarfs jedoch nicht einfach herauszukristallisieren. Einerseits gibt es für die meisten Maßnahmen und Lösungsansätze der Vergangenheit plausible Begründungen; dies gilt insbesondere dann, wenn sie Besitzstände einzelner Gruppen unserer Gesellschaft schützen sollen. Es ist sicherlich auch richtig, dass nicht alle Probleme in Deutschland politisch zu begründen oder zu beheben wären. Kriege, Terrorismus, Krankheitsepidemien, der Zusammenbruch der New Economy, die siechende Weltkonjunktur und – in deren Schlepptau – auch die daniederliegende deutsche Konjunktur können keinem einzelnen Politiker angelastet werden. Die mittlerweile weltweit – aber vor allem in den USA – geführte Diskussion über eine mögliche Deflation ist auch nicht hilfreich, um das Vertrauen von Konsumenten und Wirtschaft wiederzugewinnen.

Andererseits muss der politisch interessierte Beobachter, der bereit ist, diesen Vorhang tagespolitischer Grabenkämpfe und interessengebundener Argumentationen beiseite zu ziehen, zwei Dinge konstatieren:

Erstens wirft die relative Schwere der Krise in Deutschland, insbesondere im Vergleich mit anderen Ländern ähnlicher Strukturen, neben ökonomischen ganz sicherlich auch politische Fragen auf.

- Alle anderen OECD-Staaten wachsen schneller als wir. Unsere Wachstumsrate liegt im Vergleich der OECD-Staaten über die letzten Jahre und auch gegenwärtig am unteren Ende. Die Schätzungen der EU-Kommission vom Frühjahr 2003 geben für die USA 2,1 Prozent, selbst für Japan noch 1,2 Prozent und für Deutschland 0,4 Prozent an. Das ist der niedrigste Wert aller vergleichbaren Länder.
- Das World Economic Forum hat in seiner im Frühjahr veröffentlichten Untersuchung Deutschland hinsichtlich der weltweiten Wettbewerbsfähigkeit wiederum herabgestuft – im Wesentlichen auf Grund des sehr schlechten vergleichbaren Abschneidens bei den politischen Strukturen.
- In jeder wirtschaftlichen Situation, auch im Aufschwung, werden in Deutschland tendenziell weniger Arbeitsplätze geschaffen als in den meisten anderen Ländern. Hier zu Lande beginnt der Nettozuwachs an Arbeitsplätzen erst bei einem Wirtschaftswachstum von circa 2 Prozent, in anderen Ländern bereits bei 0,5 bis 0,7 Prozent.

Zweitens ist es mathematisch nachweisbar, dass wir mittel- bis langfristig in eine Sozialstaatsfalle hineinlaufen. Die Bevölkerungspyramide altert – bei den langfristig zu beobachtenden Zuwanderungsraten von 150 000 Menschen pro Jahr wird in den nächsten 40 bis 50 Jahren die Bevölkerung in Deutschland um circa 10 Prozent schrumpfen. Das Rentensystem wird vorher bereits zusammenbrechen – ebenso wie das Gesundheitssystem, das nicht mehr finanziert werden kann. Darüber hinaus ist seit der Veröffentlichung der PISA-Studie allen deutlich vor Augen geführt worden, dass wir auch in der Bildung – unserem einzigen wirklich zukunftsfähigen Rohstoff – zurückfallen.

Die bisherigen Vorschläge sind untauglich, die großen Herausforderungen nachhaltig einer Lösung zuzuführen. Die Agenda 2010 ist vom Grundansatz her richtig, führt uns aber höchstens ein Viertel des Weges und wird zudem in den Mühlen des politischen Alltags zerredet. Auch die Opposition ist sich hinsichtlich des einzuschlagenden Weges und der Beschwerlichkeit desselben nicht einig. Gesamthafte Lösungen, die zu Nachhaltigkeit und Zukunftsfähigkeit führen, sind in der Diskussion um Einzelmaßnahmen, die sich zum Teil auch noch konterkarieren, nicht zu finden. Die Diskussion um Einzelmaßnahmen kann nur im Kontext des deutschen politischen Systems verstanden werden, das versucht, zwischen Partikularinteressen Hunderter von Einzelgruppen auszugleichen, möglichst viele dabei zu bedienen und möglichst wenigen etwas zu nehmen. Eine fatale Folgewirkung der Nicht-Reformen ist der zunehmende Pessimismus der Bevölkerung. Wenn man nicht mehr an die Zukunft und die Entscheidungsträger, die uns in eine bessere hineinführen könnten, glaubt, nimmt die Gefahr zu, dass sich Deflationsszenarien verwirklichen.

Die Deutsche Bundesbank hat in ihrem Bericht vom März 2003 mit dem Titel »Wege aus der Krise« die Richtung vorgezeigt: »Insbesondere gilt es, eine konsistente Grundorientierung zu entwickeln, die den sich ausbreitenden Pessimismus zu überwinden hilft. Entscheidend ist dabei, dass die notwendige Fülle von Einzelmaßnahmen in eine schlüssige Gesamtstrategie für strukturpolitische Reformen und den Einsatz der Makropolitik eingeordnet wird. Erst das Zusammenwirken der verschiedenen Politikbereiche erzeugt die notwendige Durchschlagskraft für eine Re-Dynamisierung der Wirtschaft.«

Genau das versucht das vorliegende Buch zu leisten – wohl wissend, dass kein noch so ausgefeilter Gesamtvorschlag der Komplexität gesellschaftlicher Zusammenhänge voll gerecht werden kann. Ein Team der internationalen Unternehmensberatung The Boston Consulting Group hat sich in den letzten 12 bis 15 Monaten des »Klienten Deutschland« angenommen und die Themen so untersucht, wie man es mit einem Großunternehmen machen würde. Wir haben analysiert, Vergleiche mit anderen Ländern gezogen,

Benchmarks entwickelt sowie Ursache-Wirkungs-Zusammenhänge aufgezeigt. Wir haben versucht, tabulos eine sachlich richtige Lösung zu finden – wissend, dass ein solches Unterfangen in der Politik schwieriger ist als im Unternehmen. Die politische Umsetzbarkeit erhöht sich zwangsläufig mit der sozialen Ausgewogenheit. Wir haben versucht, uns nach dieser Maxime zu richten, insbesondere bei der Entwicklung einer neuen Steuersystematik, die kompatibel mit dem Transfersystem ist. Wir haben uns sieben Ziele gesetzt:

1. Arbeit lohnt sich mehr als Arbeitslosigkeit, und wer mehr arbeitet, erzielt ein höheres Einkommen.
2. Investieren und Arbeitsplätze schaffen ist einfach und risikoarm.
3. Jeder Bürger kann seine Steuerberechnung nachvollziehen.
4. Die Rentenzahler von heute können mit einer positiven Rendite auf ihre Altersvorsorge rechnen.
5. Bessere Ärzte und Krankenhäuser verdienen auch besser.
6. Bildungseinrichtungen werden an ihrer Leistung gemessen.
7. Bürokratie und Regulierungen sind auf das notwendige Minimum reduziert.

Wir haben den Schwerpunkt auf die Themen Arbeit, Transferleistungen, Steuersystem, Renten und Gesundheit gelegt, da diese Systeme eng miteinander in Beziehung stehen. Die Maßnahmen, die in den einzelnen Bereichen vorgeschlagen werden, müssen insgesamt schlüssig und aufeinander abgestimmt sein, um ihre Wirkung entfalten zu können. Über die Gesundheit hat unser Partner Andreas Poensgen darüber hinaus an anderer Stelle umfangreiche Vorschläge vorgelegt und über die Bildung ist im Zusammenhang mit der PISA-Diskussion alles Wesentliche gesagt worden. Wir greifen die Grundthesen auf. Gleiches gilt für die Staatstätigkeit – den Abbau von Bürokratie und Subventionen im weitesten Sinne; auch hier ist das Notwendige in breiten Bevölkerungsteilen und der Wissenschaft unstrittig.

Erfolgsnotwendig ist ein gesamthaftes, in sich stimmiges und schlüssiges System, ein Gesamtsystem, das Deutschland den Befreiungsschlag in allen Bereichen bringen kann und muss. Die notwendigen Maßnahmen werden alle Interessengruppen treffen – weshalb diese auch ihr Veto einlegen dürften. Diese möglichst gleichmäßige Betroffenheit ist aber die Voraussetzung dafür, dass die Reformen als ausgewogen und fair angesehen werden. Für eine »ausgewogene Nichtbetroffenheit« ist es zu spät. Wir haben diese Vorschläge und das Gesamtsystem ohne Ansehen von Personen und Einzelgruppen analytisch abgeleitet. Es wird in der Zukunft keinen Wohlstand ohne mehr Leistung geben können.

Dieses Buch ist aus einer Teamarbeit heraus entstanden, an dem über die letzten 15 Monate Beraterinnen, Berater und Assistentinnen der Boston Consulting Group gearbeitet haben. Der besondere Dank gilt Claudia Palme, die die Projektleitung innehatte, sowie Claudius Christl, der die Mehrzahl der volkswirtschaftlichen Berechnungen durchgeführt hat und maßgeblich an einem ersten frühen Entwurf des Buches beteiligt war. Claudia Palme hat an vielen Kapiteln mitgeschrieben und vor allem das Kapitel über das Gesundheitssystem auf der Basis des Werkes unseres Partners Andreas Poensgen, dem ich hier ausdrücklich danken möchte, angefertigt. Eva Bruch, die Anfang dieses Jahres zum Team stieß, hat am dritten und vierten Durchlauf intensiv mitgearbeitet. Claudia Pfennig, Angie Salisch und Daniela Wittwer gilt besonderer Dank für die formale Gestaltung des Buches.

Wir hoffen, mit dem vorliegenden *»Befreiungsschlag«* helfen zu können, die Ketten zu sprengen und der politischen Diskussion sachliche Leitplanken zu geben. Heute liegt Deutschland wie ein Riesentanker vor Anker und dreht sich – wie es Schiffe vor Anker normalerweise tun – mit dem welt- und konjunkturpolitischen Wind. Das ist fatal. Wir müssen den Anker lichten, die Maschinen wieder anwerfen und auf Kurs gehen.

Peter Strüven

Kapitel 1
Plädoyer für den großen Wurf

Deutschland befindet sich in der Krise. Die Arbeitslosigkeit ist hoch und steigt. Das Wachstum ist das niedrigste und das Haushaltsdefizit das höchste in der Europäischen Union. Andere Länder haben uns bei der Schaffung neuer Unternehmen und Arbeitsplätze seit langem hinter sich gelassen – auch in Europa. Wichtige wirtschaftliche Indikatoren zeigen sich unbeeinflusst von politischen Aktionsplänen, runden Tischen und Maßnahmen zur Haushaltsdisziplin. Und die dramatisch leere Staatskasse zeugt von der sinkenden Finanzkraft der Bürger und Betriebe in Europas größter Volkswirtschaft.

Um zu Lösungen zu gelangen, müssen Ausgangslage und Ursachen klar sein: Wo steht die deutsche Wirtschafts- und Sozialordnung im Jahr 2003 und was sind ihre Perspektiven? Warum haben wir es bisher nicht geschafft, das Ruder herumzuwerfen?

Deutschland hat viele Stärken. Trotz aller Schwierigkeiten sind wir eine führende Industrienation. Mit Fug und Recht können wir auf eine beeindruckende Aufbaugeschichte verweisen. Deutsche Tugenden und das Siegel »Made in Germany« genießen auch heute noch einen guten Ruf in der Welt. Produktivität, Bildungsniveau und sozialer Konsens sind Standortfaktoren, die Entscheidungen im internationalen Wettbewerb immer noch zu Gunsten Deutschlands beeinflussen können. Aber können wir uns auf diesen Lorbeeren ausruhen? Oder trudeln wir auf einem fast beängstigend steilen Pfad dem Abgrund entgegen?

Lange Zeit hatte die Bundesrepublik einen Platz auf der Sonnenseite der wirtschaftlichen Entwicklung gepachtet. In den fünfziger Jahren mit dem viel beschriebenen Wirtschaftswunder unter der

Ägide Ludwig Erhards. Die Sechziger und Siebziger brachten den Deutschen den Ausbau eines umfassenden Wohlfahrtsstaats. In den Achtzigern war Deutschland Motor für das wirtschaftliche Zusammenwachsen Europas. Und die Wiedervereinigung 1990 eröffnete bei allen mit ihr verbundenen Risiken auch große und ungeahnte Chancen. Doch statt Euphorie hat sich mittlerweile Tristesse breit gemacht. Zu Recht: Nur Japan wuchs in den letzten Jahren langsamer als Deutschland, nur in Frankreich und Italien liegt die Arbeitslosenquote noch höher als bei uns (siehe Abbildung 1).

Warum finden 4,5 Millionen Menschen in Deutschland keine Beschäftigung? Die Arbeitslosenquote in anderen europäischen Ländern ist doch wesentlich niedriger. Können wir die Erfolgsmodelle anderer Länder nicht übernehmen?

Und warum sind Unternehmen und Bürger davon überzeugt, zu hohe Steuern zu zahlen? Manch internationaler Konzern in Deutschland zahlt überhaupt keine Steuern und die durchschnittliche Steuerquote liegt in Deutschland seit Jahrzehnten bei circa 22 bis 23 Prozent des Bruttoinlandsprodukts und damit im internationalen Durchschnitt.

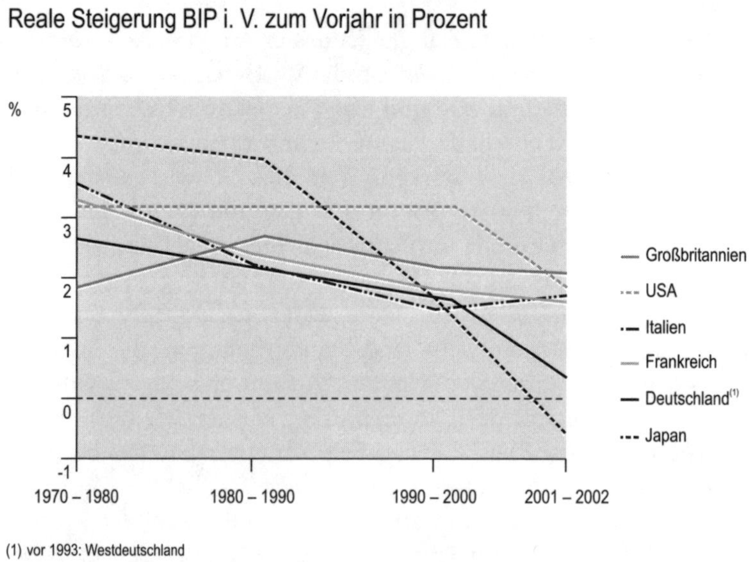

Abbildung 1a: Entwicklung Wachstum und Arbeitslosenquote im Vergleich

Arbeitslose in Prozent der Erwerbstätigen

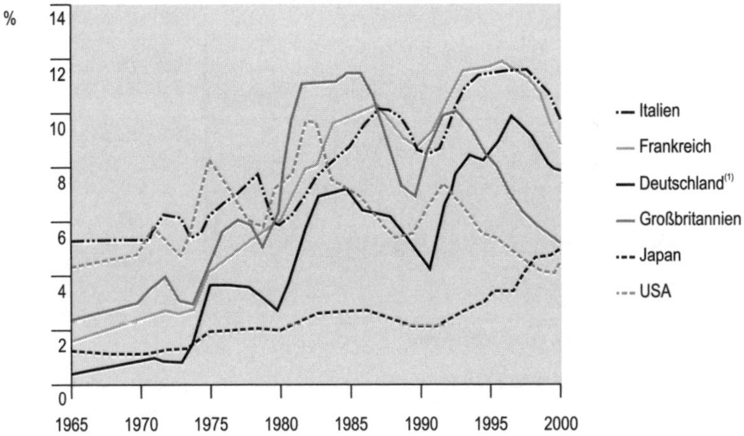

(1) vor 1993: Westdeutschland
Quelle: CESifo-Institut

Abbildung 1b: Entwicklung Wachstum und Arbeitslosenquote im Vergleich

Die Liste der Widersprüche und Fragen lässt sich fast beliebig weiterführen. Die Zukunftsprognose für die deutsche Volkswirtschaft fällt entsprechend düster aus. Ohne Einleitung umfassender Reformen errechnet sich ein Anstieg der Staatsquote – und damit der öffentlichen Haushalte – von 48 Prozent im Jahr 2001 auf über 60 Prozent bis 2040. Dafür muss gar nichts Dramatisches – eine schwere Konjunkturkrise, politische Fehlwirtschaft, lang andauernde Kriege oder eine erhöhte Erderwärmung – passieren. Dieser Effekt kommt allein auf Grund der demographischen Entwicklung zu Stande: Unsere alternde Gesellschaft wird zukünftig mehr für ihre Rentner und ihr Gesundheitssystem aufwenden müssen. Ohne Reformen an diesen Systemen müssten Bürger und Betriebe im Jahr 2040 deutlich mehr als die Hälfte des Sozialprodukts an den Staat für staatlichen Konsum und Sozialversicherungen abführen (siehe Abbildung 2).

Eine solche Entwicklung bringt den wirtschaftlichen Kollaps. Der Zusammenbruch der Staatsfinanzen wird unvermeidlich. Der Spielraum für Unternehmensinvestitionen und privaten Konsum

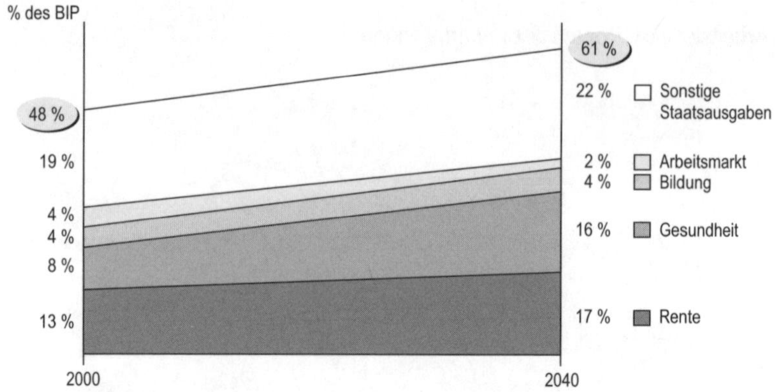

Quellen: Statistisches Bundesamt; ifo-Institut; BCG-Analyse

Abbildung 2: Entwicklung der Staatsquote bis 2040

verringert sich weiter. Wachstumsimpulse und Dynamik werden durch den übermächtigen Staat und seine Bedürfnisse erdrückt.

Diese Perspektive ist keine Horrorphantasie von Wirtschaftsliberalen. Sie ist real und sie ist auch nicht einmalig. Japan ist uns auf diesem Weg vorangegangen.

Japan – Modell für Deutschlands Zukunft?

Die Lage Deutschlands im Jahre 2003 gleicht derjenigen Japans Ende der achtziger Jahre. Ein Blick auf die zweitgrößte Volkswirtschaft der Welt lohnt sich. Er kann uns helfen, Fehler zu vermeiden.

Vor 15 Jahren blickte Japan auf Jahrzehnte hohen Wirtschaftswachstums mit jährlichen Zuwachsraten des Bruttoinlandsprodukts zwischen 5 Prozent und 10 Prozent zurück. Es herrschte Vollbeschäftigung. Die Verschuldung der öffentlichen Haushalte lag bei weniger als 60 Prozent des Bruttoinlandsproduktes. Die Realzinsen schwankten um die Nullgrenze.

Dann platzten die Spekulationsblasen der japanischen Wirtschaft. Nullwachstum stellte sich ein. Und um 0 Prozent pro anno schwankt die japanische Wirtschaftsentwicklung seit mehr als zehn Jahren. Die offene Arbeitslosigkeit stieg auf vorher unvorstellbare Werte von mehr als 5 Prozent.

Wechselnde japanische Regierungen reagierten mit kreditfinanzierten Konjunkturprogrammen, so wie es jetzt wieder einige »Neo-Keynesianer« auch in Deutschland fordern. Die kurzfristigen Wachstumsimpulse verebbten jedoch regelmäßig innerhalb weniger Monate. Die Strukturprobleme der japanischen Wirtschaft sind dafür größer denn je.

Die Krise könnte längst überwunden sein. Aber die japanische Wirtschaftsordnung hat die Anpassung an die neuen Anforderungen nicht geleistet. Güter-, Dienstleistungs-, Kapital- und Arbeitsmärkte unterliegen in Japan außerordentlich starker Regulierung. Die Vermittlung eines Kredites oder die Restrukturierung eines Unternehmens sind von staatlicher Hilfe abhängig. Keine japanische Regierung hat sich bisher zur Aufgabe dieser Kontrolle entschließen können. Die Liberalisierung der Märkte wurde zugunsten kurzfristiger Konjunkturprogramme vertagt. Geblieben sind die Kosten dieser Programme. Japans Staatsschuld erreicht heute mehr als 140 Prozent des Bruttoinlandsprodukts und das jährliche Defizit liegt auch heute noch bei 7 bis 8 Prozent. Damit bildet Japan die traurige Spitze der Industrieländer – nie würde es in die EU aufgenommen werden können.

Notprogramme und Konjunkturförderung sind auch in Deutschland die falsche Antwort auf strukturelle Probleme. Das Beispiel Japan zeigt, dass punktuelle wirtschaftspolitische Eingriffe mittelfristig wirkungslos bleiben. Die vermeintliche Alternative zu einem klaren Kurswechsel hat sich in der Praxis als mediendemokratische Sackgasse erwiesen. Japan kann nicht unser Modell für die Zukunft sein. Aber vielleicht kann Deutschland noch zum Modell für Japan werden.

Die Ähnlichkeiten sind frappierend. Deutschland und Japan verbinden eine ausgeprägte Konsenskultur und korporatistische Entscheidungsstrukturen. Um Robert J. Samuelson zu zitieren[1] »What now connects Germany and Japan is a refusal to deal with

	Japan	Deutschland
Aktienmarkt-Bubble	↓ ↓	↓ Korrektur nahezu beendet
Immobilien-Bubble	↓ ↓	↓ Partieller Leerstand
Überinvestition der Unternehmen	↓ ↓	— Geringe Zuversicht
Risiko der Liquiditätsfalle	↓ ↓	↓ Unentschlossene Zentralbankpolitik
Hohe Konsumentenverschuldung	↓ ↓	↓ Steigendes Schuldenniveau, geringe Zuversicht
Schwaches Bankensystem	↓ ↓	↓ Zunehmende Schwierigkeiten
Schwerwiegende strukturelle Rigiditäten	↓ ↓	↓ ↓ Überregelierung
Politische/soziale Paralyse	↓ ↓	↓ Viel zu geringe Reformbereitschaft
Schrumpfende/alternde Bevölkerung	↓ ↓	↓ Abnahme um ca. 10 % bis 2040

»Geschichte wiederholt sich – erst als Tragödie, dann als Farce« (Karl Marx)

Quellen: CNN Money; The Economist; BCG-Analyse

Abbildung 3: Vergleich der Rahmenbedingungen zwischen Japan und Deutschland

their problems. There is no consensus to do anything unpopular (...) Germany is Europe's ›sick man‹, just as Japan is Asia's.«

Darf man darauf hoffen, dass sich die gegenwärtige Wirtschaftsschwäche als ein vorübergehendes konjunkturelles Tal erweist? Müssen nur die anfangs weit unterschätzten Lasten der deutschen Einheit abgebaut werden? Wird sich die Substanz des deutschen Wirtschaftswunders auch im 21. Jahrhundert gegen alle Herausforderungen durchsetzen?

Die Fakten geben Anlass zur Skepsis. Natürlich ist die konjunkturelle Situation schwierig. Die Weltwirtschaft wurde in den vergangenen zwei Jahren von historisch nahezu einmaligen Ereignissen erschüttert: Die Krise der New Economy, zu deren Hochzeiten auch renommierte Ökonomen spekulierten, dass der Konjunkturzyklus für immer durchbrochen wäre. Die Terroranschläge vom 11. September 2001. Der kriminelle Zusammenbruch von Unternehmen wie Enron, die andere Unternehmen und den Kapitalmarkt mit sich rissen. Der Golfkrieg und seine ökonomischen und politischen Konsequenzen.

Aber die globale Konjunkturlage ist keine Erklärung für die im internationalen Vergleich schwache Entwicklung des deutschen Kapitalmarkts, für die Unterbewertung deutscher Unternehmen (siehe Abbildung 4) und die Instabilität der deutschen Sozialsysteme. Und mit einem weltwirtschaftlichen Aufschwung werden

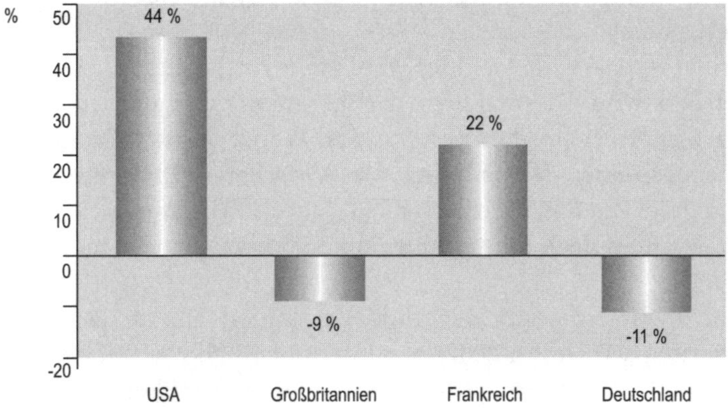

Quelle: BCG Value Creators Report 2002

Abbildung 4: Anteil der Erwartungsprämie am Marktwert börsennotierter Unternehmen (31.10.2002)

die ökonomischen Probleme Deutschlands auch nicht wie ein böser Zauber wieder verschwinden.

Die schlechte Konjunkturlage deckt die Probleme unserer Wirtschafts- und Sozialordnung lediglich schonungslos auf. Der Mangel an Investitionen in Deutschland trocknet durch Beschäftigungsrückgang und schwindende Gewinne Steuerkasse und Sozialversicherungen aus. Auch der nächste Aufschwung wird nur von begrenztem Nutzen sein. Seit Jahren ist bekannt, dass in Deutschland wegen der zu hohen Ausstiegskosten erst ab einem Wirtschaftswachstum von ungefähr 2 Prozent auch neue Arbeitsplätze geschaffen werden. In den USA bewegt sich der Arbeitsmarkt bereits ab 0,5 bis 0,7 Prozent Wachstum aufwärts.

Alle Fragen sind hundertmal gestellt und viele Antworten hundertmal gegeben worden. Der Ruf nach Reformen hallt seit Jahren durch Deutschland. Der Begriff »Reformstau« wurde im Jahr 1997 zum Wort des Jahres gewählt. Parteien, Bürger, Verbände und Medien fordern und versprechen Reformen, ob sie jetzt »Hartz«, »Riester«, »Rürup« oder anders heißen. Trotzdem sind alle weiter reichenden Reformen bisher schon im Ansatz gescheitert. »Aussitzen« und »ruhige Hand« sind die Erkennungszeichen der Entscheidungskultur unserer Gesellschaft. Auch nach der Bundestagswahl 2002 ist kein Ruck durch unser Land gegangen. Statt Aufbruchstimmung und Engagement machen sich Fatalismus und Zynismus breit.

Normalerweise wird vor einer Wahl mehr versprochen als hinterher gehalten wird. Diesmal hätte nachher mehr getan werden müssen als vorher versprochen worden war. Wo ist der »große Wurf« einer umfassenden Neuordnung der Wirtschafts-, Bildungs- und Sozialpolitik? Die Kanzlerrede vom 14. März 2003 war es sicherlich nicht – reichten doch die Kommentare von »War's das?« bis »Das war's!«.

Stattdessen wird weiter an Symptomen kuriert. Die von der Bundesregierung seit Herbst 2002 vorgelegten Maßnahmen reihen sich ein in die Tradition der Flickschusterei. Atemberaubende Haushaltsdefizite werden durch kaum zu durchschauende Steuerrechtsänderungen, Erhöhungen der Sozialbeiträge und Schulden kurzfristig gestopft. Die Analyse von systemischen Ursachen hingegen wird, wenn überhaupt, in Kommissionen verlegt und damit vertagt. Man kann sich des Eindrucks nicht erwehren, die neue und alte Bundesregierung wurde von ihrem eigenen Wahlerfolg überrascht. Interdependenzen zwischen Steuersystem und Transferleistungen, Sozialversicherungen und Arbeitslosigkeit, Bildung und Wachstum finden sich im politischen Alltag vor allem in den Verteilungskämpfen der ministerialen Budgets.

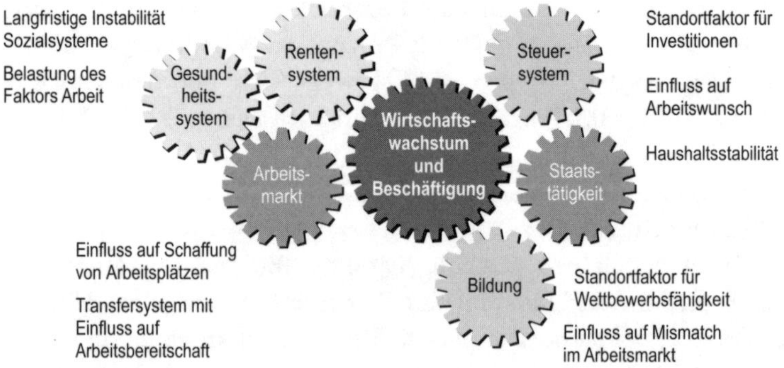

Quelle: BCG-Analyse

Abbildung 5: Das blockierte Getriebe: Interdependenz der wirtschaftspolitischen Teilbereiche

Unser komplexes Wirtschafts- und Sozialsystem unterliegt einem Geflecht undurchschaubarer staatlicher Regulierungen. Änderungen dieses Geflechts rufen komplizierte Wechselwirkungen und Kettenreaktionen hervor. Einzelne Eingriffe haben häufig unvorhergesehene negative, bestenfalls keine Wirkungen. Unabhängig von der jeweiligen parteipolitischen Position wird diese Einschätzung durch die Mehrzahl der Aktionen aller Bundesregierungen der letzten 30 Jahre bestätigt.

Ob Job-AQTIV-Gesetz, große Steuer- oder Riester-Reform: Auch in der letzten Legislaturperiode konnte kaum eine Maßnahme die in sie gesetzten Erwartungen erfüllen. Woran liegt das? Sind all diese Regelungen falsch?

Nein, im Gegenteil. Viele dieser Initiativen waren wünschenswert und sinnvoll. Aber sie waren entweder zu kompliziert oder konnten gegen die Blockaden durch andere Elemente des Systems gar nicht erfolgreich sein. Kurz: Die Maßnahmen waren einfach nicht konsequent zu Ende gedacht.

Das Job-AQTIV-Gesetz soll die Vermittlung von Langzeitarbeitslosen im Niedriglohnsektor fördern. Welche Erfolgsaussichten hat dieses Gesetz, solange Arbeitslosen- und Sozialhilfe für den Einzelnen höher als ein regulär zu erwartender Nettolohn sind? Tatsächlich ist das im Moment auf Grund eines nicht abgestimmten Steuer- und Transfersystems oftmals der Fall.

Welchen Arbeitsanreiz hat jemand, wenn ihm sein Arbeitseinkommen zu 100 Prozent von der Arbeitslosenhilfe wieder abgezogen wird? Wie soll es da durch die Erhöhung der Grundfreibeträge in der großen Steuerreform 2000 gelingen, die Arbeitsanreize im Niedriglohnbereich zu steigern? Eine positive Beschäftigungswirkung war ohne eine gleichzeitige und abgestimmte Reform des Sozialbereichs nicht zu erwarten.

Darf eine historische Reform wie der Umbau des Rentensystems an mangelnder Konsequenz scheitern? Die Riester-Rentenreform 2000 soll die Bildung privaten Vorsorgekapitals für das Alter fördern und die Rente langfristig sichern. Eine konsistente Regelung der steuerlichen Behandlung von Renten wurde versäumt. Die Ausgestaltungsverordnungen wurden so kompliziert, dass die Bürger verunsichert wurden; Rentenvorsorge soll aber das Gefühl der Sicherheit geben. Die Zurückhaltung ist verständlich.

Die Beispiele sind von fast erschreckender Logik und Nachvollziehbarkeit. Einzelne gute Ansätze scheitern daran, dass der systemische Zusammenhang nicht erkannt wird, dass niemand die Gesamtperspektive einnimmt – oder aber, dass sie niemand einnehmen will. Die Fallstricke können durch einen systematischen Reformansatz vermieden werden.

Die Erfolgsaussichten der jüngsten Pläne wie zum Beispiel Hartz-Konzept, Mittelstandsoffensive oder das Notprogramm in den Sozialversicherungen sind ähnlich einzuschätzen.

Die Hartz-Vorschläge zur Reform des Arbeitsmarkts versprechen eine deutliche Senkung der Arbeitslosigkeit durch Verbesserung der Vermittlung von Arbeitslosen. Das ist notwendig und sinnvoll. Aber die Arbeitslosigkeit kann nur gesenkt werden, wenn durch Einstellungs- und Investitionsanreize in Unternehmen Arbeitsplätze geschaffen werden. Die Personal-Service-Agenturen (PSA) und die Ich-AG sollten dazu einen Beitrag leisten. Die PSA werden allerdings durch die bisherigen Änderungen und noch zu erwartende tarifvertragliche Einbindungen ihrer Wirkung weitgehend beraubt. Fachleute wären schon froh, wenn diese Maßnahme zum Abbau von 10 000 Arbeitslosen führen würde. Außerdem geben zentrale Elemente der Hartz-Vorschläge beredte Beispiele für die deutsche Reformkultur. Die PSA sind de facto eine Umgehung des Kündigungsschutzes. Die Ich-AG ist de facto eine Umgehung des Scheinselbstständigkeitsgesetzes. Und der Job-Floater ist de facto ein Gegengewicht zu den vielen bürokratischen Hemmnissen, Arbeitsplätze zu schaffen: Der Arbeitslose kauft sich einen Arbeitsplatz – eine Perversion jedes marktwirtschaftlichen Denkens. Wir schaffen Gesetze, um die kontraproduktiven Auswirkungen ihrer Vorgänger abzumildern, anstatt diese zu verändern oder abzuschaffen. Das kann auch mit dem demokratischen Konsensprinzip nicht gerechtfertigt werden, sondern ist mutloser Opportunismus und Aktionismus.

Ebenso sind die Maßnahmen zur Haushaltskonsolidierung nicht konsequent zu Ende gedacht. Haushaltslöcher werden kurzfristig gestopft. Der negative konjunkturelle Impuls einer Steuererhöhung bremst jedoch das Wachstum des Sozialprodukts und verhindert neue Arbeitsplätze. Dies reduziert die zukünftigen Steuereinnahmen und erhöht die zukünftigen Staatsausgaben. Die kurzfristige Lösung, Haushaltslöcher durch Steuererhöhungen zu stopfen, macht also eine langfristige, dauerhafte Haushaltskonsolidierung noch schwieriger.

Es kann keine Lösung sein, ein offensichtlich instabiles System durch weiteren Mittelzufluss künstlich am Leben zu erhalten. Eine Erhöhung der Beitragsbemessungsgrenze für Kranken- und Rentenversicherung hat keinen Sanierungs-, sondern langfristig einen Belastungseffekt. Die höheren Ansprüche der heutigen Einzahler in die Rentenversicherung und die Kosten der zusätzlich in die gesetzlichen Krankenkassen gezwungenen Beitragszahler müssen in der Zukunft bedient werden. Das eigentliche Problem explodierender Ausgaben infolge gravierender Ineffizienzen im Gesundheitswesen wird für weitere Jahre verdeckt.

Wo krankt es in unserem System? Welche Schwächen müssen wir beheben, um zum Beispiel das Schicksal Japans zu vermeiden?

Die Krisen einer Volkswirtschaft sind kein fremdbestimmtes Schicksal. Politik und Institutionen sind verantwortlich für die Schaffung wirtschaftlicher Rahmenbedingungen. Ihre Qualität ist entscheidend für Wirtschaftswachstum und Beschäftigungsentwicklung. Regierung und Verbände, aber auch der Wahlbürger haben damit die Gestaltung der relativen Wettbewerbsfähigkeit und das ökonomische Potenzial eines Landes in der Hand.

Die internationale Bewertung des Standorts Deutschland stellt uns allen für diese Aufgabe ein schlechtes Zeugnis aus. Die jährlichen Studien des IMD[2] und des WEF[3] beurteilen Deutschland in entscheidenden Dimensionen als schwach. Wir liegen weit hinter den USA und dem EU-Durchschnitt. Und wir fallen mit jedem ungenutzten Jahr weiter zurück.

Dabei begünstigen uns die externen Faktoren im internationalen Vergleich sogar. Umweltbedingungen, geographische Lage und der Einfluss durch das Ausland verschaffen uns deutliche Vorteile gegenüber einem so isolierten Standort wie den USA. Aber staatliche und gesellschaftliche Rahmenbedingungen werden unseren Potenzialen nicht gerecht.

Die gute Nachricht ist: Staatliche Faktoren sind gestaltbar. Schlechte Umweltbedingungen oder eine isolierte geographische Lage dagegen können nur kompensiert, aber nicht behoben werden. Sparverhalten und Leistungsbereitschaft unterliegen zwar Ein-

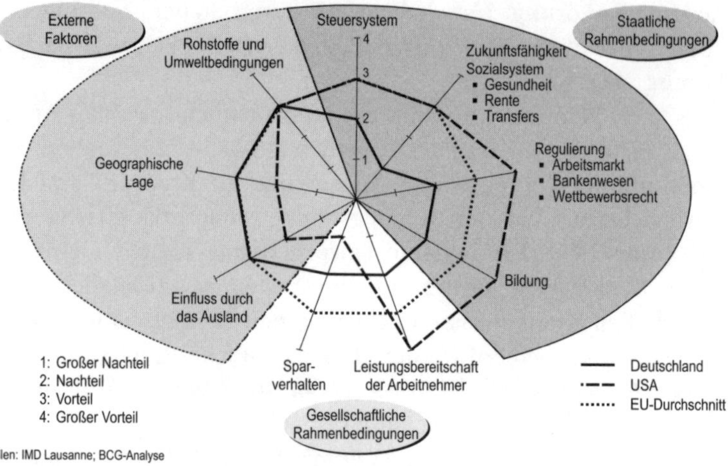

Abbildung 6: Deutschlands Wettbewerbsposition als Standortfaktor

flüssen von außen, ihr Wandel ist aber bestenfalls indirekt und langfristig zu leisten. Ein staatliches Ordnungssystem hingegen – mag es noch so verstrickt sein – ist Gegenstand politischer Entscheidungen.

Die Blockade von Investitionen und Beschäftigung durch den hohen Regulierungsgrad, insbesondere der Arbeitsmärkte, ist vermeidbar. Warum sollten die staatlichen Auflagen beim Bau von Fabriken und der Beschäftigung von Arbeitnehmern so viel höher als im ebenfalls sozial orientierten europäischen Ausland sein? Und muss Steuern zahlen denn wirklich so kompliziert sein?

Die Werteentscheidungen der deutschen Gesellschaft finden ihren Ausdruck wohl kaum in den vielen tausend Seiten der steuerrechtlichen Fachliteratur. Und der durchschnittliche Wahlbürger befürwortet auch nicht den Ersatz der Erwerbstätigkeit niedrig qualifizierter und kinderreicher Arbeitnehmer durch staatliche Transferleistungen. Niemand will ein Gesundheitssystem, in dem Fehlversorgung, Über- und Unterversorgung dominieren.[4] Und doch sind das die Konsequenzen unserer Entscheidungen.

Die etablierte politische Rhetorik suggeriert die Machbarkeit der Unmöglichkeit, nämlich die schwerwiegenden strukturellen Probleme Deutschlands durch schnell gesponnene und isolierte Einzelmaßnahmen zu lösen. Tatsächlich werden die Probleme ständig in die Zukunft verschoben. Da die Vergangenheit ungenutzt verstrichen ist, gibt es keinen besseren Zeitpunkt zum Handeln als jetzt. Es gibt keine Alternative zu einem umfassenden Befreiungsschlag für unser Wirtschafts-, Sozial- und Bildungssystem.

Dieses Buch möchte eine konsistente Strategie für den Aufbruch und Ansatzpunkte zur Überwindung unvermeidlicher Widerstände liefern. Dabei sprechen wir die wichtigsten Politikbereiche an, ohne den Anspruch der Vollständigkeit zu erheben.

Der wichtigste Grundsatz: Alle Hebel müssen gleichzeitig und gleichgerichtet bewegt werden. Die angestoßenen Räder Steuersystem, Transferleistungen, Arbeitsmarkt, Sozialversicherungen, Bildungssystem und Deregulierung müssen sich dauerhaft in dieselbe Richtung drehen – zur gleichzeitigen Optimierung der Anreize für Angebots- und Nachfrageseite.

Die Strategie für den Aufbruch hat folgende Ziele:

1. Arbeit lohnt sich mehr als Arbeitslosigkeit, und wer mehr arbeitet, erzielt ein höheres Einkommen.
2. Investieren und Arbeitsplätze schaffen ist einfach und risikoarm.
3. Jeder Bürger kann seine Steuerberechnung nachvollziehen.
4. Die Rentenzahler von heute können mit einer positiven Rendite auf ihre Altersvorsorge rechnen.
5. Bessere Ärzte und Krankenhäuser verdienen auch besser.
6. Bildungseinrichtungen werden an ihrer Leistung gemessen.
7. Bürokratie und Regulierungen sind auf das notwendige Minimum reduziert.

Unabhängig von politischer Überzeugung und persönlicher Interessenlage können diese Ziele einen gesellschaftlichen Grundkonsens darstellen. Wie können sie erreicht werden? Finden wir einen sozial vertretbaren und finanzierbaren Weg?

In der Wissenschaft finden wir keine entsprechend zugeschnittenen und in sich konsistenten Vorschläge. Walter Eucken, der theoretische Vorarbeiter des Konzepts der sozialen Marktwirtschaft, wies zwar bereits 1940 in seinen »Grundlagen der Nationalökonomie«[5] auf die »Interdependenz der Ordnungen« aller wirtschaftlichen Teilbereiche hin. Die wissenschaftliche Volkswirtschaftslehre setzt sich allerdings im Wesentlichen mit theoretischen Modellen, aggregierten Größen wie Zinsen und Wechselkursen oder hochspezifischen Teilproblemen auf der Mikroebene auseinander.

Vielleicht ist dieser Systemumbau aber nur in Teilen ein Problem volkswirtschaftlicher Methoden, ein Problem der Theorie. Theoretisch sind viele der Einzelprobleme gelöst.

Es fehlt ein handlungsorientierter Gesamtansatz, so wie er im unternehmerischen Alltag zu finden ist. Dort setzt man sich tagtäglich mit der Vereinfachung komplexer Zusammenhänge und mit Entscheidungen unter Unsicherheit auseinander. Bei der Lösung des Deutschland-Problems müssen wirtschaftliche Effizienz und soziale Ausgewogenheit im Einklang stehen. Die unvermeidbaren Widerstände können überwunden werden.

Noch fehlt der deutschen Gesellschaft und ihren Entscheidungsträgern der Mut. Jeder Einzelne von uns muss bereit sein, in die Sicherheit unserer Zukunft zu investieren.

Angesichts der parteipolitischen Manöver und der nahezu ritualisierten Auseinandersetzungen zwischen den einzelnen Interessengruppen scheinen weder Bürger noch politische Akteure an die Wandlungsfähigkeit Deutschlands zu glauben. Wahlen werden mit Bestandsgarantien gewonnen. Medien und Meinungsmacher stellen jeden Versuch gesellschaftlicher Innovation an den Pranger, indem kurzfristig wirkende Einschnitte und Abstriche übersteigert werden. Politiker und Interessenverbände verstehen ihre Aufgabe als dogmatische Vertretung von Positionen, die teilweise in die Frühzeit der Industriegesellschaft zurückreichen. Wir alle sind als deutsche Gesellschaft Gefangene unserer Einzelinteressen.

Dem allen zum Trotz: Es muss nicht so sein. Große Länder wie die USA und England haben uns Reformfähigkeit vorexerziert. Ihre Sozialverfassung und Staatskultur waren und sind allerdings andere. Wir wollen und müssen sie nicht kopieren. Kleine Länder mit einer der unseren ähnlichen Kultur, wie die Niederlande, Neuseeland und Schweden, haben ebenfalls Reformfähigkeit bewiesen. Schmerzlos war es in keinem Fall.

Deshalb wird es Widerstände geben. Keine Gruppe wird die eigenen Belastungen als akzeptabel ansehen. Deswegen müssen alle möglichst gleichmäßig belastet werden: Unternehmer, Arbeitsbesitzer und Arbeitslose, Besserverdiener und Sozialversicherungspflichtige, Ärzte, Apotheker, Beamte, Lehrer, Gewerkschaftsführer. Da alle profitieren werden, müssen sich auch alle beteiligen. Wir brauchen den »Big Bang«, die Auflösung des gordischen Knotens. Einen Befreiungsschlag durch unwiderrufbaren Gesamtbeschluss aller Reformen. Die Verwässerung des Systemumbaus in den Mühlen des politischen Prozesses ist nicht akzeptabel. Die politischen Entscheidungsträger werden sich mit allen strukturkonservativen Gruppen in der Gesellschaft zum Wohle unserer Zukunft anlegen müssen. Wir möchten einen Weg weisen.

Kapitel 2
Das Gefangenendilemma der deutschen Gesellschaft

Die Identifikation einer geeigneten Strategie für die deutsche Volkswirtschaft erfordert ein Verständnis ihrer Defizite und strukturellen Zusammenhänge. Die Entwicklung anderer Industrienationen liefert uns Ideen, aber auch Warnungen für unseren Ansatz. Das Verständnis des politischen Prozesses und seiner Anreizlogik ist der entscheidende Erfolgsfaktor für wirkliche Veränderung.

Ein verbreiteter Sponti-Spruch an Bürotüren und Wänden von Behörden und Betrieben lautet: »Lächle und sei froh, denn es könnte schlimmer kommen. Und ich lächelte und war froh und es kam schlimmer.« Die Hauptmotivation von Politikern, Bürgern und Verbänden scheint damit beschrieben zu werden. Politische Entscheidungen sind dominiert von der Furcht, dass es schlimmer kommen könnte.

Die erfolgreichste Strategie für den Gewinn einer Bundestagswahl in den letzten Jahrzehnten war das Versprechen möglichst geringer wirtschaftlicher Veränderungen. Unabhängig von der politischen Couleur: Politiker, die Probleme offen auf den Tisch legen und Reformen ankündigen, werden nicht gewählt. Der Wähler scheint die Suggestion, alles könne weitergehen wie bisher, zu bevorzugen.

Im Jahr der deutschen Wiedervereinigung versprach Helmut Kohl nicht nur blühende Landschaften in den neuen Bundesländern. Er versprach sie auch praktisch kostenlos. Oskar Lafontaine wies auf die Kosten der wirtschaftspolitischen Strategie Kohls hin. Er verlor – obwohl nicht nur deswegen.

1998 nutzte die Opposition die Verdrängung unliebsamer Wahrheiten zu ihren Gunsten. Die Regierung Kohl propagierte die Unverschiebbarkeit wirtschaftspolitischer Reformen. Der Bundestag verabschiedete 1997 eine Steuerreform, die in ihrer Konsequenz der Eichelschen Reform 2000 zumindest ebenbürtig war. Sie scheiterte im Bundesrat. Statt mit einer Alternativstrategie warb die Opposition damit, »nicht alles anders, aber vieles besser machen zu wollen«. Schröder gelang ein historischer Sieg. Und wie könnte man irgendeinem Politiker angesichts der Wiederwahl der rot-grünen Regierung im Jahr 2002 zur Vertretung eines Reformkurses raten?

Ein reformfreudiger Politiker oder Funktionär scheint seine berufliche Position zu gefährden. Er muss alle Maßnahmen ergreifen, die seine Chancen zur Wiederwahl erhöhen, und all jene unterlassen, welche diese mindern.

Die erfolgversprechendste Strategie ist die Interessenvertretung der ihn unterstützenden, abgrenzbaren Klientel. Die Interessen einer kleinen, homogenen Gruppe sind leichter durchsetzbar als die der heterogenen, unorganisierten Allgemeinheit.[6] Große Volksparteien haben eine zunehmend breitere Interessenbasis zu bedienen und tendieren in ihren Vorschlägen deshalb zum kleinsten gemeinsamen Nenner. Die Zusammenhänge sind für Schuldzuweisungen für volkswirtschaftlichen Schaden meist zu komplex. Und die Allgemeinheit hat die Tendenz zum Kurzzeitgedächtnis bei der nächsten Wahlentscheidung.

Das ist dem Politiker oder Funktionär nicht vorzuwerfen. Das ist Teil der Demokratie. Er handelt also vordergründig rational.

Welche Konsequenzen hat dieser Konflikt zwischen Allgemeininteressen und politischer Überlebensstrategie?

Der Ausbau des Kündigungsschutzes im Jahre 1999 lag im individuellen Interesse aller aktiven Arbeitnehmer. Die Chancen der Arbeitslosen auf Beschäftigung sanken dadurch signifikant. Die Schaffung von Arbeitsplätzen wird durch das Risiko eines ausgebauten Kündigungsschutzes beeinträchtigt. Der Wille der Mehrheit, der Insider, kollidiert mit den Interessen der Minderheit, der Outsider – kurzfristig zumindest. Langfristig werden immer mehr Menschen arbeitslos und wir zahlen alle höhere Beiträge in die Arbeitslosenversicherung.

Die Subventionierung maroder Unternehmen wie der Philipp Holzmann AG im Jahre 1999 war für die betroffenen Arbeitnehmer Rettung in letzter Sekunde. Eine Aktion, für die viele Verständnis aufbrachten. Der Untergang vieler kleiner und mittelständischer Wettbewerber von Holzmann durch die subventionierten Billigpreise erregte wenig Aufsehen. Selbst das Scheitern der Rettungsaktion im Insolvenzverfahren im Jahre 2001 hinterließ keine Schäden für die vermeintlichen Retter. Gibt es überhaupt eine Lösung für dieses Dilemma des politischen Prozesses? Brauchen wir Platos wohlwollenden Diktator oder Rousseaus »Contrat social« mit einem allwissenden, weisen Gremium? Kann uns etwas vor den kollektiven Konsequenzen unserer Partikularinteressen als Arbeitnehmer, Autofahrer, Rentner, Lehrer, Ärzte oder Unternehmer schützen?

Die ökonomische Spieltheorie setzt sich mit der Berechenbarkeit strategischen Handelns auseinander. Sie beschrieb unser Problem in den sechziger Jahren mit dem Begriff des »Gefangenendilemmas«. Kurz definiert heißt das: Der Versuch der Durchsetzung der Einzelinteressen aller Bürger führt zu Nachteilen für alle Bürger. Können sich alle Beteiligten auf ein Vorgehen einigen, profitieren alle. Kooperation macht sich bezahlt: Jeder von uns tauscht die Chance auf Verwirklichung seines Eigeninteresses gegen eine bessere Gesamtsituation. Ein durchaus attraktives Angebot. Der Ausbruch aus dem »Gefangenendilemma« kann gelingen.

Das Gefangendilemma – einst und heute

Das »Gefangenendilemma« wurde erstmals von dem Wirtschaftsnobelpreisträger John Nash eingehend untersucht (und erst kürzlich in dem Film »A Beautiful Mind« verewigt). In seiner klassischen Form geht es um zwei Straftäter, die gemeinsam einen Raubmord begangen haben.

Da es keine Zeugen gibt, will die Staatsanwaltschaft das Geständnis wenigstens eines Täters erzwingen. Die Täter werden einzeln verhört und können sich nicht absprechen. Die erwarteten Strafen sind abhängig von der Geständnisbereitschaft der Täter. Folgende Gefängnisstrafen stehen in Aussicht:

		Täter 2	
		Gesteht nicht	Gesteht
Täter 1	Gesteht nicht	2 Jahre / 2 Jahre	15 Jahre / 1 Jahr
	Gesteht	1 Jahr / 15 Jahre	10 Jahre / 10 Jahre

Gesteht keiner der Täter den Mord, werden beide wegen Einbruchs zu zwei Jahren Gefängnis verurteilt – das beste Gesamtergebnis. Gestehen beide, werden sie wegen Raubmords zu 10 Jahren Haft verurteilt. Gesteht nur ein Täter, greift die Kronzeugenregelung. Der Geständige muss nur 1 Jahr in Haft, während der Leugnende 15 Jahre auf seine Freiheit verzichten muss.

Jeder Täter optimiert nun sein Verhalten in Unwissenheit über das Verhalten des Komplizen. Wenn der Komplize leugnet, stellt sich Täter 1 besser, wenn er gesteht: Er halbiert seine Strafe von zwei Jahren auf ein Jahr. Aber auch wenn der Komplize den Raubmord gesteht, ist es für Täter 1 klüger zu gestehen. So kann er wenigstens seine Strafe von 15 auf 10 Jahre reduzieren. Da der Komplize genauso kalkuliert, werden beide Täter gestehen und beide für 10 Jahre im Gefängnis sein. Hätten beide im Vertrauen auf den anderen geschwiegen, müssten sie nur zwei Jahre lang einsitzen.

Was sagt uns dieses Beispiel für wirtschaftspolitische Reformen? In unseren Verteilungskämpfen geht es uns wie den misstrauischen Gefangenen. Eine unkooperative Strategie zahlt sich nicht aus. Zusammenarbeit hingegen ist für alle vorteilhaft.

Nun können 80 Millionen Deutsche oder 50 Millionen Wahlberechtigte sich nicht an einen Tisch setzen und ihr gemeinsames Vorgehen vereinbaren. Unsere Volksvertreter und Verbandsfunktionäre können es. Sie sitzen bereits an diesen Tischen – in Bündnissen und Kommissionen, in Bundestag und Bundesrat. Aber sie brauchen einen klaren Auftrag. Ein Signal der Bereitschaft, alte Besitzstände gegen die Chancen auf höheres Wachstum, mehr Beschäftigung und langfristig tragfähige Sozialsysteme einzutauschen.

Muss die Lage wirklich noch schlimmer werden, bevor sie besser wird? Klagen wir »auf hohem Niveau«, wie es Lothar Späth schon in den späten achtziger Jahren formuliert hat? Werden noch in 5, 10 oder 15 Jahren Publikationen den Willen zu Veränderungen beschwören?

Es liegt in unserer Hand.

Wahlentscheidungen können Veränderungen signalisieren. Kompromisse auf betrieblicher Ebene durchbrechen die Routine definierter Agenden. Für Veränderungen zu demonstrieren statt dagegen, verdeutlicht den Willen der Mehrheit. Einschaltquote und Auflagenzahl steuern Fernsehsender und Zeitungen. Meinungsumfragen und Medien sind Instrumente unserer Überzeugungen. Diese Macht können wir uns zu Nutze machen. Kritischer Journalismus kann konstruktiv sein. Er ist der mächtigste Lobbyist der Allgemeinheit. Er kann Politikern und Funktionären eine Chance geben, das Richtige zu tun.

Bleibt noch, das Richtige zu definieren.

Kapitel 3
Der Heilige Gral: Arbeit für alle

Kann es das »Richtige« in der Arbeitsmarktordnung überhaupt geben? Die harten Fronten der Tarifparteien, die Auswüchse politischer Grabenkämpfe scheinen Beweis dafür zu sein, dass es keine objektiv richtige Lösung gibt. Aber die Auseinandersetzung ist ein Problem der Perspektive. Der einzelne Arbeitnehmer hat ebenso wie sein Unternehmensmanagement Interesse am Wohlergehen seines Betriebs. Umsatz- und Gewinnwachstum sichern seinen Arbeitsplatz und geben Spielraum für Lohnrunden. Niedrige Arbeitslosigkeit erspart ihm Abzüge vom Bruttolohn, seinem Arbeitgeber Lohnnebenkosten. Auf der Ebene des Einzelnen decken sich wichtige Zielparameter. Diese Zielkongruenz haben wir bereits in unserem Buch *»Gebt uns das Risiko zurück«*[7] nachgewiesen: Mittel- bis langfristig (ab etwa vier Jahre) decken sich die Interessen aller Stakeholder durch die Fokussierung auf innovatives Wachstum – getragen von hoch motivierten Mitarbeitern.

Ist diese Aussage wirklich so naiv, wie sie im ersten Moment klingen mag?

Selbstverständlich gibt es Konflikte. Weder Unternehmer noch Arbeitnehmer sind grundsätzlich Altruisten. Die Sicherung von Verhaltensstandards durch kollektive Verhandlungen ist notwendig. Aber die Regelung jeder Einzelfrage ist es nicht. Die Zukunft eines Betriebs sollte von den Beteiligten entschieden werden. Die Klarheit über das gemeinsame Ziel ist Voraussetzung für die Befreiung aus dem Gefangenendilemma.

Kann das »Richtige« für den Einzelnen auch ein Modell für den Weg aus der Massenarbeitslosigkeit sein, indem wir die Verantwortung für die Zukunft den Betroffenen selbst übertragen?

Das Scheitern kollektiven Handelns

»Die Senkung der Arbeitslosigkeit ist die größte Herausforderung für die deutsche Politik.« Diese Priorität gilt seit mehr als 25 Jahren. Zu diesem Zeitpunkt überschritt die Arbeitslosenzahl in Deutschland zum ersten Mal nach dem Krieg wieder die Millionenmarke. Helmut Kohl versprach 1995 eine Halbierung der Arbeitslosenzahl auf 2 Millionen. Gerhard Schröder wollte sich an der Erreichung von 3,5 Millionen messen lassen. Beide scheiterten.

Im Frühjahr 2003 sind über 4,6 Millionen Menschen arbeitslos, und Besserung ist nicht in Sicht. Das Bündnis für Arbeit ist bedeutungslos und widersetzt sich allen Wiederbelebungsversuchen. Die Hartz-Vorschläge sind zwar in Umsetzung, werden aber nach Meinung der meisten Beobachter nur begrenzte Wirkung zeigen. Kollektive Verhandlungen und runde Tische können uns keinen Weg aus der Krise zeigen.

Vielleicht können es andere Nationen. Ob Dänemark oder die USA, Großbritannien oder die Niederlande: Ihnen allen gelangen in den achtziger und neunziger Jahren erhebliche Fortschritte beim Abbau der Arbeitslosigkeit (siehe Abbildung 7). Der Primus des Jahres 1980, Deutschland, fällt seit den neunziger Jahren zurück. Die Arbeitslosenquote in Deutschland betrug 2002 8,2 Prozent (Frühjahr 2003 über 11 Prozent); der EU-Durchschnitt ohne Deutschland lag bei 7,6 Prozent; die USA und Japan weisen Quoten unter 6 Prozent auf. Die Dauerarbeitslosigkeit ist bei uns im internationalen Vergleich zur Gewohnheit geworden. 4,6 Prozent der Arbeitnehmer in Deutschland sind langzeitarbeitslos – in den USA ist es weniger als 0,5 Prozent. Ein Effekt der deutschen Einheit? Sicherlich. Vergangene Entwicklungen sind jedoch nicht von Bedeutung. Der Erfolg unterschiedlicher Reformkurse ist es.

Welcher gemeinsame Nenner verbindet diese Strategien? Gibt es ein Patentrezept?

Die Gemeinsamkeiten scheinen gering. Die Vereinigten Staaten und Großbritannien entstammen der liberalen angloamerikanischen Wirtschaftstradition. Dänemark und die Niederlande orientieren sich an den sozialen Werten Kontinentaleuropas. Die Bevölkerungszahlen schwanken zwischen 5 und gut 280 Millionen. Exportnationen stehen neben großen Inlandsmärkten. Entschei-

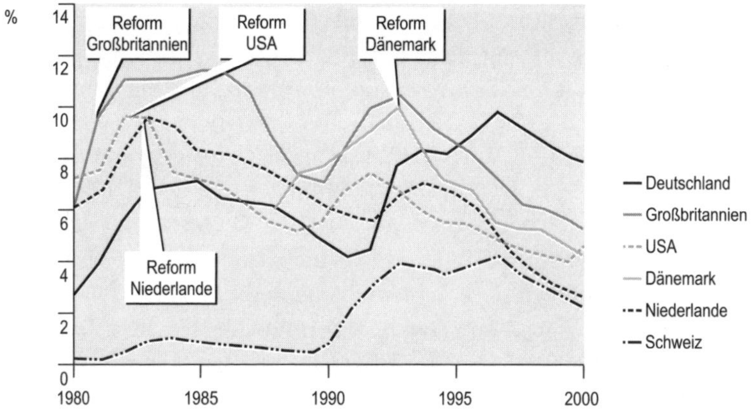

Quelle: BCG-Analyse

Abbildung 7: Entwicklung der Arbeitslosigkeit im Vergleich

dungsprozesse reichen vom niederländischen Beschäftigungspakt (Polder-Modell) bis zum Unilateralismus der Regierung Thatcher. Umstände und Vorgehen haben scheinbar geringe Bedeutung für den Erfolg.

»Wo« und »Wie« sind landes- und situationsspezifisch. Bleibt das »Was« als entscheidender Faktor für den erfolgreichen Abbau der Arbeitslosigkeit.

Die Folgen der deutschen Einheit

Die Wiedervereinigung Deutschlands 1990 war und ist eine Aufgabe von historischer Größenordnung. Eine Volkswirtschaft mit 17 Millionen Menschen, etwa einem Drittel der Bevölkerung Westdeutschlands, war zu reorganisieren und zu modernisieren. Diese Aufgabe musste finanziert werden. Kein anderes Land der Europäischen Union stand vor einer vergleichbaren Herausforderung. Ist unser Wirtschaftswachstum wegen der hohen Transferzahlungen in die neuen Bundesländer so gering?

Die sofortige Angleichung der Lebensverhältnisse in Ostdeutschland war eine bewusste politische Entscheidung. Eine »Zwei-Klassen-Gesellschaft« innerhalb unseres Landes mit zwei Währungen und Lohnstrukturen über viele Jahre wäre für unsere Werteordnung nicht akzeptabel gewesen. Die Möglichkeit, diese Entscheidung so zu fällen, unterschied die deutsche Situation von der aller osteuropäischer Staaten.

Die ostdeutsche Wirtschaft war zum Zeitpunkt der Währungsunion am 1. Juli 1990 unter marktwirtschaftlichen Gesichtspunkten nicht wettbewerbsfähig. Sie konkurrierte mit wesentlich leistungsfähigeren westdeutschen Unternehmen. Die industrielle Basis brach infolgedessen bis Ende 1991 fast vollständig zusammen. Die Abfederung der sozialen Folgen dieser Deindustrialisierung erfordert seitdem Transfers von mehr als 100 Milliarden Euro pro Jahr. Da diese als Ausgaben ostdeutscher Haushalte und Unternehmen zu einem Großteil wieder in westliche Güter und Dienstleistungen fließen, ergeben sich praktisch keine Wachstumswirkungen. Als Erklärung für niedrigeres Wachstum können die Transfers deshalb nicht dienen.

Ostdeutschland sollte vielmehr der Wachstumsmotor für ganz Deutschland sein. In Anlehnung an die Entwicklung der osteuropäischen Reformstaaten wäre ein Wirtschaftswachstum von mehr als 5 Prozent pro Jahr zu erwarten. Der Nachholbedarf des bis 1992 stark abgesunkenen Inlandsproduktes ist nicht gedeckt. Die eigentlich zu erwartenden hohen prozentualen Wachstumsraten endeten bereits 1996. Das Pro-Kopf-Inlandsprodukt ist nach wie vor deutlich niedriger als im Westen. Trotzdem steigt es langsamer.

Wir konnten bislang die Chancen des Aufholprozesses nicht nutzen. Nicht weil Ostdeutschland den Westen blockiert, sondern weil die rigide Übernahme westlicher Strukturen die Dynamik der ostdeutschen Wirtschaft unterdrückt hat – ob durch verbindliche Lohnabschlüsse trotz unterschiedlicher Wertschöpfung, durch unser schon vorher marodes Sozialsystem, oder durch unendlich viele Vorschriften und Regelungen. Die Wiedervereinigung als solche stellt netto keine nennenswerte Belastung des Wirtschaftswachstums dar. Dass sie bislang ökonomisch nicht gelungen ist, liegt vielfach an der gedankenlosen Übertragung westdeutscher Strukturen.

Die Analyse der eingeleiteten Veränderungen in den Niederlanden, Großbritannien, Dänemark und den USA überrascht. Das Erstaunliche sind weniger die Inhalte der beschlossenen Maßnahmen, sondern ihre Bedeutung für die Beteiligten. Jede dieser Reformen steht für die Entmachtung kollektiver Verhandlungsstrukturen. In der Beschlussfindung über Reformen finden sich bei Ländern wie den Niederlanden und Dänemark durchaus korporatistische Elemente. Aber die beteiligten Gremien entschlossen sich effektiv zur Selbstentmachtung. Der Spielraum ihrer Eingriffe in Wirtschaftsleben und Arbeitsalltag wurde beschnitten.

In den *Niederlanden* wurde das Arbeits- und Sozialrecht durch die Beschlüsse eines Beschäftigungspakts zwischen Arbeitgebern, Gewerkschaften und Regierung liberalisiert. Die Gewerkschaften verpflichteten sich zu langfristiger Lohnzurückhaltung. Lohnkostenneutrale Arbeitszeitverkürzungen ermöglichten die Schaffung neuer Arbeitsplätze ohne Zusatzkosten. Die Möglichkeit zur Teilzeitarbeit ohne Zwang schaffte Vorteile bei der Zeiteinteilung und Produktionsplanung für Arbeitnehmer und Arbeitgeber. Insgesamt ging die Arbeitslosigkeit von 9,7 Prozent im Jahr 1982 auf 2,8 Prozent im Jahr 2000 zurück. Die Anzahl der geleisteten Arbeitsstunden stieg um 17 Prozent an.

Dänemark gelang die Halbierung der Arbeitslosigkeit zwischen 1993 und 2000 von 10,1 Prozent auf 4,7 Prozent. Bisher zentrale Lohnverhandlungen wurden konsequent dezentralisiert. Arbeitsplätze in Betrieben unter Kostendruck wurden durch Betriebsvereinbarungen erhalten. Die Reform der Arbeitslosenunterstützung umfasste die Verschärfung der Voraussetzungen zum Bezug von Arbeitslosenhilfe, die Reduktion der Bezugsdauer und eine Verpflichtung zur Arbeitsaufnahme bei entsprechenden Angeboten.

Die selektive Aufgabe kollektiver Interessenvertretung erhöht das Beschäftigungsniveau. Allerdings verzichten die Verhandlungspartner auf einen Teil ihrer Verhandlungsmacht, auf ihr Gewicht als organisierte Gruppe. Damit verändern sich die Machtstrukturen mit dem Ergebnis, dass es einerseits zu vorteilhaften Lösungen kommen kann, dass andererseits das mögliche Risiko für den Einzelnen aber auch höher wird. Das Risiko in ritualisierten Auseinandersetzungen dagegen ist ebenso gering wie das Veränderungs-

	Niederlande	Dänemark	Großbritannien
Arbeitslosigkeit vor Reform	9,7 % (1982)	10,1 % (1993)	11,1 % (1982)
Maßnahmen	Beschäftigungspakt (Arbeitgeber, Gewerkschaften, Regierung) ■ Langfristige Lohnzurückhaltung ■ Kostenneutrale Arbeitszeitverkürzung und Teilzeit ■ Reform Arbeitsrecht, Sozialversicherung	Reform Arbeitslosenunterstützung ■ Verschärfung Bedingungen ■ Verpflichtende Arbeitsaufnahme ■ Reduktion Bezugsdauer Dezentralisierung Lohnverhandlungen	Liberalisierung, Deregulierung ■ Entmachtung Gewerkschaften ■ Abbau Arbeitnehmerrechte ■ Abbau Kündigungsschutz Abbau Arbeitslosenunterstützung
Arbeitslosigkeit nach Reform	2,8 % (2000)	4,7 % (2000)	5,5 % (2000)

Quellen: CESifo-Institut; BCG-Analyse

Abbildung 8: Arbeitsmarktliberalisierung in ausgewählten Ländern

potenzial. Wir befinden uns im Stellungskrieg. Veränderung setzt Offenheit über das Ergebnis voraus. Und das heißt Risiko.

Aber wie viel Risikosicherheit müssen wir für die Reduktion der Arbeitslosigkeit eintauschen? Wie radikal muss die Dekollektivierung von Entscheidungen sein?

Großbritannien ging beim Umbau der Wirtschaftsordnung sicherlich am weitesten. Unter der Regierung Thatcher fand ein grundsätzlicher wirtschaftspolitischer Kurswechsel statt. Die Gewerkschaften wurden entmachtet. Arbeitnehmerrechte und Arbeitsschutz wurden eingeschränkt, die Arbeitslosenunterstützung stark reduziert. Die Arbeitslosigkeit sank zwischen 1982 und 2000 von 11,1 Prozent auf 5,5 Prozent. Allerdings wurde die Verbesserung am Arbeitsmarkt erst nach mehreren Jahren spürbar. Trotz der substanziellen einseitigen Eingriffe in die Sozialordnung, lag das Ergebnis in einer ähnlichen Größenordnung wie bei den gemäßigten Reformprogrammen.

Die Entscheidung für Deregulierung selbst ist bereits zukunftsweisend. Ein radikaler Sozialabbau im Rahmen angloamerikanischer Verhältnisse ist für positive Ergebnisse nicht notwendig. Unsere gesellschaftliche Werteordnung, die Aufrechterhaltung sozialer Verantwortung und die Ermächtigung des Einzelnen sind vereinbar. Entscheidend sind die Möglichkeiten und Anreize für Individualentscheidungen.

Welche Anreize sind dies? Die Entscheidungen von Bürgern und Unternehmern fallen im Eigeninteresse. Um ein Ziel zu erreichen – wie den Abbau der Arbeitslosigkeit – muss die Wirtschafts- und Sozialordnung so gestaltet sein, dass das Eigeninteresse des Einzelnen auf das Gesamtziel hinwirkt.

Die notwendigen Anreize zur Beschäftigungserhöhung folgen einem sehr einfachen Prinzip: Arbeitnehmer müssen arbeiten *wollen*. Arbeitgeber müssen einstellen *wollen*. Daraus haben wir die ersten Grundsätze abgeleitet:

1. Mehr Arbeit lohnt sich auch mehr.

Im Vergleich zu den Alternativen, muss es sich für den Einzelnen mehr lohnen zu arbeiten, als von Transferzahlungen zu leben. Diese dürfen demzufolge nicht höher liegen als die Nettoarbeitslöhne. Der Arbeitslohn muss insgesamt zu einer Besserstellung des Einzelnen führen.

2. Investieren und Arbeitsplätze schaffen ist einfach und risikoarm.

Die Einstellung eines Arbeitnehmers darf nur zu einem vertretbaren Risiko und vertretbaren Kosten für ein Unternehmen führen. Fehlentscheidungen müssen korrigierbar sein. Unternehmerische Entscheider müssen angemessen auf die Situation des Unternehmens eingehen können.

Diese Grundsätze klingen selbstverständlich. Tatsächlich sind sie in der Realität der deutschen Wirtschaftsordnung nicht erfüllt.

Wie können wir diese Fehlanreize korrigieren? Und wie viel Veränderung ist erforderlich?

Mehr Arbeit muss sich auch mehr lohnen

Was erwarten Sie, wenn Sie eine, zwei, zehn Stunden länger arbeiten? Je nach Vertrag können Sie mit Überstundengeld, einem Bonus oder Freizeitausgleich rechnen. Vielleicht erhoffen Sie sich auch berufliches Weiterkommen. Ihr Einsatz wird honoriert. Dies gilt allerdings nicht, wenn Sie arbeitslos sind oder Sozialhilfe beziehen. Eine Familie mit einem erwerbslosen Alleinverdiener und zwei Kindern erhält insgesamt 18 568 Euro Transferleistungen pro Jahr. Nimmt der Alleinverdiener eine reguläre Beschäftigung mit tariflicher Entlohnung beispielsweise im Einzelhandel auf, verdient er nach allen Abzügen 17 726 Euro pro Jahr. Er verzichtet damit auf 842 Euro pro Jahr bei vollen Arbeitsstunden.

Aus welchem Grund sollte er arbeiten?

Er hat – zumindest finanziell – keinen Anreiz, Arbeit aufzunehmen. Ein rational handelnder Sozialhilfeempfänger wird einen solchen Einkommensverlust nicht in Kauf nehmen – zumal er dafür auch noch an Freizeit verliert.

Er wird auch keinen Teilzeitjob oder eine so genannte geringfügige Beschäftigung (besser bekannt als 325-Euro-Job, seit 1.4.2003: 400-Euro-Job) annehmen. Im deutschen Transfersystem wird jeder Euro Arbeitseinkommen fast voll auf die Sozial- und Arbeitslosenhilfe angerechnet. Bei 432 Euro Einkommen erhält er nach heutiger Praxis 302 Euro pro Monat weniger Zahlungen vom Staat.[8] Technisch gesprochen: Die marginale Belastung von Sozialhilfeempfängern, die eigenes Einkommen beziehen, beträgt je nach individueller Situation zwischen 85 und 100 Prozent – dieser Anteil eines zusätzlich verdienten Euros geht an den Staat. Der Nutzen der geleisteten Arbeitsstunden tendiert aus individueller Sicht gegen null.

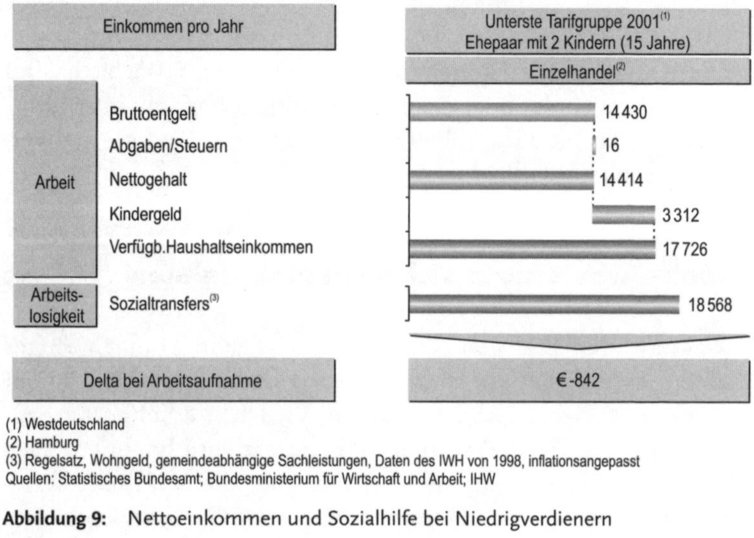

(1) Westdeutschland
(2) Hamburg
(3) Regelsatz, Wohngeld, gemeindeabhängige Sachleistungen, Daten des IWH von 1998, inflationsangepasst
Quellen: Statistisches Bundesamt; Bundesministerium für Wirtschaft und Arbeit; IHW

Abbildung 9: Nettoeinkommen und Sozialhilfe bei Niedrigverdienern

Aber damit nicht genug: Der Arbeitnehmer unterliegt ab dem ersten verdienten Euro zusätzlich der Sozialversicherungspflicht und ab einem Jahresbruttoeinkommen von 7 426 Euro der Einkommensteuer. Für geringfügige Beschäftigungen zahlt zwar nur der Arbeitgeber Sozialversicherungsbeiträge, aber auch dieser Beitrag erhöht letztlich die Schere zwischen Brutto- und Nettoeinkommen. Mit den Neuregelungen im Gefolge der Hartz-Vorschläge wurde eine Gleitzone zwischen 400 Euro und 800 Euro monatlich geschaffen, innerhalb der der Arbeitnehmeranteil an den Sozialversicherungsbeiträgen von 4 Prozent des Einkommens allmählich auf 21 Prozent steigt. Dies beseitigt zwar die bisherige Niedriglohnschwelle, erleichtert also Arbeitgebern und Arbeitnehmern das Arbeitsverhältnis über eine geringfügige Beschäftigung hinaus auszudehnen. Die Fehlanreize für Arbeitslose und Sozialhilfeempfänger, eine Beschäftigung überhaupt nicht erst aufzunehmen, bleiben jedoch auch bei dieser Neuregelung bestehen.

Hartz-Konzept und Reform der Bundesanstalt für Arbeit – Ansätze für mehr Arbeit?

Die Vorschläge der Hartz-Kommission zur Reform des Arbeitsmarkts gehen in die richtige Richtung: Sie zielen darauf, die Vermittlung von Arbeitslosen in offene Stellen zu beschleunigen, Sozial- und Arbeitslosenhilfe zusammenzuführen, Zeitarbeit und Existenzgründungen (»Ich-AG«) zu fördern und Lohnnebenkosten für Geringverdiener zu senken. Damit soll bisherigen Transferempfängern der Weg aus der Schwarzarbeit geebnet werden.

Die Bundesregierung hat die Hartz-Vorschläge entgegen anders lautender Gerüchte erstaunlich konsequent umgesetzt. Die gesetzlichen Grundlagen für die Gründung von Ich-AGs, für Mini-Jobs und für Personal-Service-Agenturen sind geschaffen; die Beweislast bei den Zumutbarkeitsregeln liegt nun beim Arbeitslosen; die Berechnung der Leistungen für Arbeitslose wurde deutlich vereinfacht; der Job-Floater ist als Programm »Kapital für Arbeit« bei der Kreditanstalt für Wiederaufbau (KfW) aufgelegt; die Arbeitsämter werden in Zukunft gemeinsame Anlaufstellen zusammen mit den Sozialämtern bilden und für alle erwerbsfähigen Personen zuständig sein. Selbst die Reorganisation der Bundesanstalt für Arbeit hat begonnen und soll bis Sommer 2004 abgeschlossen sein. Übrigens: Die Forderung der Gewerkschaften, Zeitarbeit tariflich einzubetten, kam nicht erst bei der Umsetzung der Vorschläge auf – sie findet sich bereits in den Originalvorschlägen der Hartz-Kommission.

Diese Maßnahmen müssen jedoch erfolglos bleiben, wenn nicht gleichzeitig Sozial- und Arbeitslosenhilfe in einem entscheidenden Punkt reformiert werden. Solange jeder verdiente Euro in nahezu vollem Umfang auf die Sozialtransfers angerechnet wird, haben Geringverdiener keinen Anreiz, eine legale Beschäftigung aufzunehmen – ob diese nun in einem regulär besteuerten Arbeitsverhältnis, in einem 400-Euro-Job, in einem neuen »Mini-Job« im Privathaushalt oder in einer »Ich-AG« besteht. Hier greifen die Hartz-Vorschläge zu kurz. Ohne eine in sich konsistente Gesamtreform ist kaum Erfolg zu erwarten.

Auch nach den Hartz-Reformen gilt: Im Sozialhilfebereich, bei einem Bruttoeinkommen bis circa 1 660 Euro monatlich, hat ein weiterer Euro Bruttoverdienst fast keine Auswirkungen auf das Nettoeinkommen des Haushalts. Um ein höheres Haushaltseinkommen zu erzielen, muss der Arbeitnehmer mit Familie diese Hürde überspringen; seine Wertschöpfung muss aus Arbeitgebersicht 2 200 Euro monatlich übersteigen, sonst wird er kaum Fuß am Arbeitsmarkt fassen. Hans-Werner Sinn vom Münchener ifo-Institut nennt diesen Effekt die »Eiger-Nordwand«[9] (siehe Abbildung 10).

Im Sozialhilfebereich sitzt der Arbeitnehmer in seinem Bemühen, sein Haushaltseinkommen zu erhöhen, also fest. Mobilität nach oben ist eingeschränkt. Mehr zu arbeiten ist für ihn nicht rational.

Handeln Arbeitslose und Transferempfänger denn rational? Ist Einkommen wirklich der einzig entscheidende Faktor für Arbeitsmotivation? »Rationales Verhalten« steht hier für Handeln im Eigeninteresse. Altruistisches Verhalten oder Arbeitsaufnahme trotz Einkommensverlust kann durchaus im Interesse des Einzel-

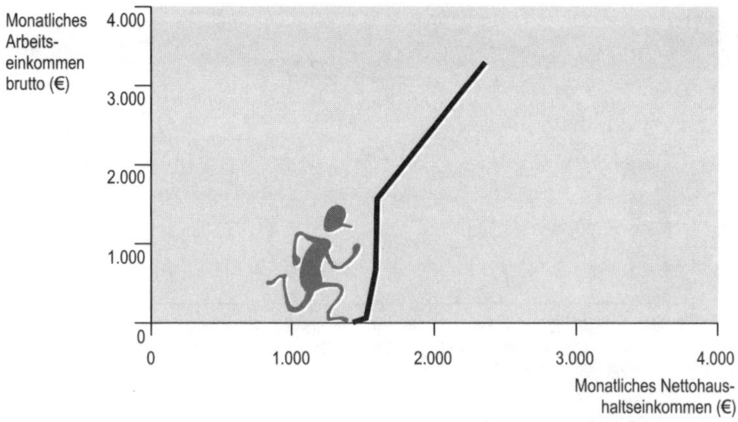

Quelle: ifo-Institut, BCG-Analyse

Abbildung 10: Die Eiger-Nordwand. Bruttoarbeitseinkommen und Nettohaushaltseinkommen einer Familie mit zwei Kindern

nen liegen. Vielleicht ist die Teilnahme am Arbeitsleben für ihn ein Nutzen an sich. Hat Arbeit für die zahlreichen Familienväter, die täglich aus dem Haus gehen, um Ehefrau, Kindern und Nachbarn ihre Arbeitslosigkeit zu verheimlichen, nicht mehr als nur finanzielle Bedeutung? Sie handeln für sich rational, wenn sie trotz niedrigerer Bezahlung eine Tätigkeit annehmen: Sie erhöhen ihren individuellen Nutzen aus ihren Handlungen und handeln damit im eigenen Interesse. Aber wie groß ist dieser Teil der Arbeitslosen?

Das individuelle Eigeninteresse der 4 bis 5 Millionen Arbeitslosen in Deutschland ist nun weder bekannt noch messbar. Wir können aber aus dem Verhalten der Betroffenen auf ihre Motivation schließen. Wenn wir davon ausgehen, dass Einkommen ein zentrales Eigeninteresse bei der Arbeitsaufnahme ist, sollte die aktive Suche nach Beschäftigung in unserem gegenwärtigen Transfer- und Steuersystem gering sein.

Die Empirie bestätigt unsere Hypothese. Umfragen von Meinungsforschungsinstituten sehen aktives Interesse an einer Arbeitsaufnahme bei maximal 50 Prozent der Betroffenen.[10] Die Hälfte, also mehr als 2 Millionen Personen, verfolgt mit der Meldung als Arbeitslose andere Interessen – teils familiär begründet, teils durch Vorruhestand, teils durch Desinteresse.

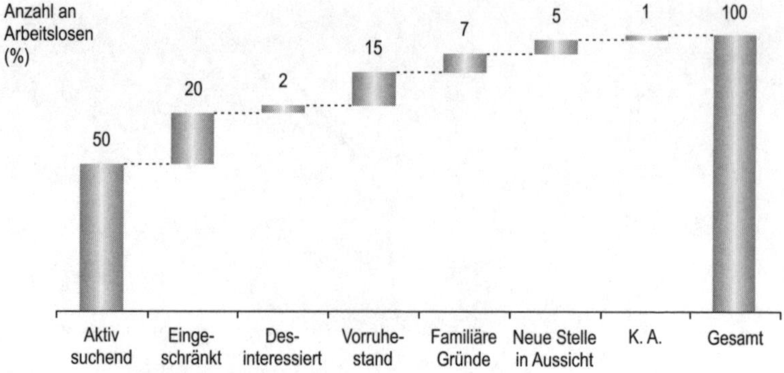

Quellen: IAB/INFAS (2002); BCG-Analyse

Abbildung 11: Stellensuchverhalten von Arbeitslosen

Muss die Gesellschaft wirklich an 90 Prozent der Arbeitslosen Transfers zahlen, wenn nur 50 Prozent aktiv Arbeit suchen? Der Sanktionsspielraum ist gering. Das deutsche Transferrecht stellt im internationalen Vergleich nur mäßige Anforderungen an die Arbeitssuche. In den ersten sechs Monaten muss eine Beschäftigung zu weniger als 70 Prozent des Vorlohns nicht angenommen werden. Mehr als 2,5 Stunden Fahrzeit pro Tag sind nicht akzeptabel. Und Arbeitnehmer mit Familie unterliegen dem »Übersiedlungsschutz«, müssen also für eine neue Arbeitsstelle nicht umziehen. Die gängige Rechtsprechung gibt außerdem großen Spielraum für Widerspruch gegen gekürzte Sozialleistungen. Viele Arbeitsämter verzichten deshalb auch bei Fehlverhalten auf Leistungskürzungen. Mit den Hartz-Reformen wurde immerhin die Beweislast umgekehrt: Heute muss der Arbeitslosengeldempfänger nachweisen, dass eine nicht angenommene Beschäftigung unzumutbar war, wenn er gegen Leistungskürzungen klagt. Was die Neuregelung in der Praxis bringt, bleibt abzuwarten.

Fazit: Arbeitslose erhalten bei Arbeitsaufnahme nicht zwangsläufig mehr Nettoeinkommen. Gleichzeitig ist es – zumindest bisher – unwahrscheinlich, dass sie bei Arbeitsverweigerung Transferzahlungen verlieren. Die Anreize für den Einzelnen wirken gegen unser gemeinsames Interesse an mehr Arbeit.

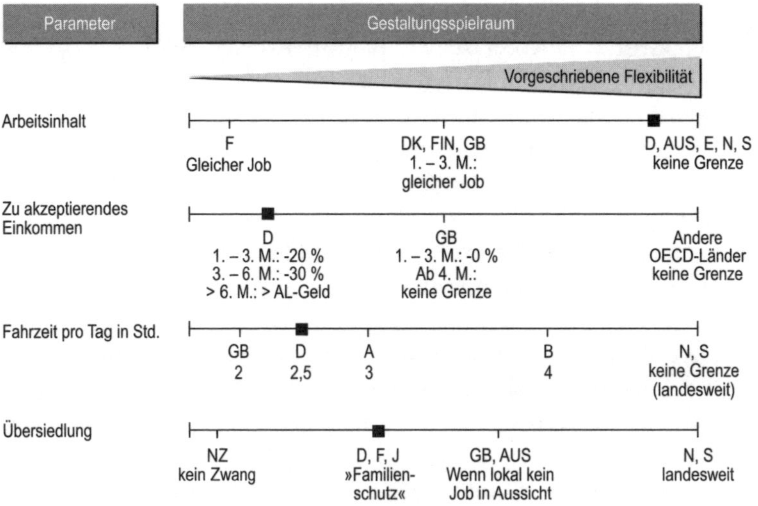

Quellen: Arbeitsgruppe Benchmarking des Bündnisses für Arbeit/Bertelsmann Stiftung; OECD; BCG-Analyse

Abbildung 12: Zumutbarkeitskriterien im internationalen Vergleich

Das kann nicht Absicht unserer Wirtschafts- und Sozialordnung sein. Wir schlagen eine überschaubare Anzahl klarer Hebel und Lösungsansätze vor:

1. Staatliche Transferleistungen dürfen nicht höher als Arbeitseinkommen sein.

Dazu wird die durchschnittliche staatliche Unterstützung inklusive Naturalleistungen für einen ledigen Arbeitssuchenden von 7 460 Euro jährlich auf 5 000 Euro abgesenkt. Für eine Familie mit zwei Kindern sinkt die staatliche Unterstützung von 18 568 Euro auf 13 200 Euro. Zur Vereinfachung und Effizienzsteigerung werden Sozial- und Arbeitslosenhilfe zusammengelegt und vereinheitlicht.

2. Jeder Euro Arbeitseinkommen muss zu mehr Nettoeinkommen führen.

Arbeitseinkommen wird nur noch zur Hälfte auf die Sozialtransfers angerechnet – statt wie derzeit in voller Höhe. Damit verringert sich die gesamte staatliche Unterstützung bei Aufnahme einer Tätigkeit nur um 50 Cent für jeden selbst verdienten Euro.

3. Transferempfänger zahlen keine Steuern.

Der Grundfreibetrag der Einkommensteuer wird auf 10 000 Euro erhöht. Bei 5 000 Euro Basistransfers und 50 Prozent Anrechnung des Arbeitseinkommens hören die Transferzahlungen bei 10 000 Euro auf. Unterhalb dieser Grenze würde der Niedrigverdiener ansonsten gleichzeitig subventioniert und besteuert. Die hohe Freibetragsgrenze ist im Rahmen einer abgestimmten Gesamtreform auch notwendig zur sozialen Abfederung der Streichung einer Reihe von Steuersubventionen (siehe Kapitel 4).

4. Aktive Arbeitssuche ist Voraussetzung für Transferzahlungen.

Der Einkommensschutz bei der Arbeitssuche wird aufgehoben. Ein Arbeitseinkommen, das unterhalb des Sozialhilfeniveaus liegt, wird auf Grund der 50-prozentigen Anrechnung durch Transferzahlungen ergänzt. Die Mobilitätspflicht wird zum Beispiel auf 3,5 Stunden pro Tag erhöht. Bei Unvermittelbarkeit entfällt der Übersiedlungsschutz. Flexibilität bei den Arbeitsinhalten wird nachgehalten.

Was bedeutet das für den einzelnen Arbeitslosen? Wird es ihm mit diesen Regelungen besser oder schlechter gehen? Beides – denn beides ist möglich und beides ist gewollt. Es geht ihm umso besser, je mehr er zu seinen Transferleistungen dazuverdient. Bei 7 200 Euro Arbeitslohn im Jahr verdient er dann bereits fast 1 000 Euro mehr als jetzt. Es lohnt sich für ihn, eine Arbeit auch bei wenig Lohn anzunehmen.

Ergänzt wird das Transfersystem durch die Anpassung des Steuersystems (siehe Kapitel 4). Dadurch wird der Übergang vom Transfer- in den Steuerbereich geglättet: Sinns »Eiger-Nordwand« verschwindet.

Bleibt die Frage, ob wir uns diese Reform leisten können. Die Staatskassen sind leer, eine weitere Verschuldung in der Währungsunion vertragsrechtlich äußerst problematisch. Was kostet der Umbau des Sozialsystems den Staat?

Die Antwort ist so kurz wie erfreulich: nichts.

Der Umbau des Sozialsystems beschert der öffentlichen Hand nach unseren Berechnungen eine kurzfristige Ausgabensenkung von 6 Milliarden Euro. Denn die erhöhten Transferzahlungen

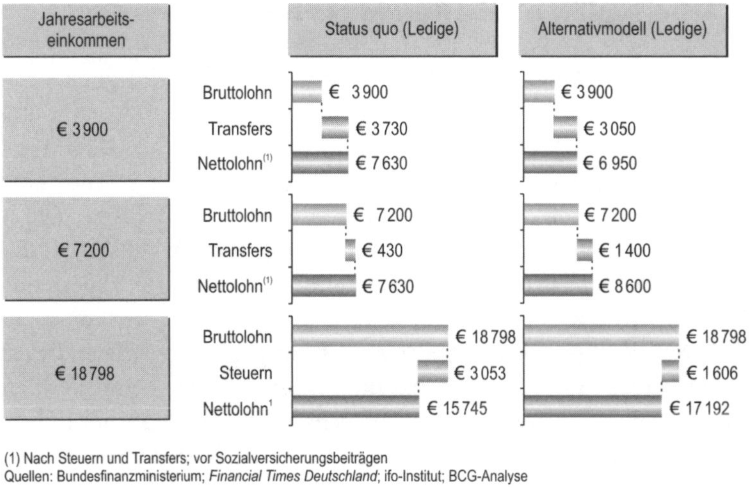

Abbildung 13: Reformkonzept für ein integriertes Steuer-Transfersystem; Brutto- und Nettoeinkommen von Ledigen

durch die reduzierte Einkommensanrechnung werden durch die niedrigeren Basistransfers mehr als ausgeglichen. Die im folgenden Kapitel beschriebene Steuerreform kostet den Staat jedoch netto 6 Milliarden Euro, sodass die öffentlichen Haushalte in der Summe durch diese beiden Reformbausteine weder be- noch entlastet werden.

Auch die schwächelnde Konjunktur bleibt nachfrageseitig unbeeinträchtigt. Das konstante Transfervolumen sichert die Konsumnachfrage der Betroffenen. Es wird kurzfristig mindestens genauso viel Geld ausgegeben wie vorher – durch vermehrte Arbeitseinkommen mit großer Wahrscheinlichkeit sogar mehr. Ein kurzfristiger Rückgang des Wirtschaftswachstums ist nicht zu erwarten.

Und was bringt es uns langfristig?

Mehr Arbeitsbereitschaft bei Arbeitslosen. Höhere Beschäftigung im Niedriglohnsektor. Sinkende Arbeitslosigkeit. Niedrigere Transferzahlungen. Höhere Konsumnachfrage. Steigendes Wachstum.

Bringt es auch mehr Arbeitsplätze?

Ja, aber nicht durch ein anreizoptimiertes Sozialsystem allein. Dazu müssen wir weitergehen.

Arbeitsplätze schaffen muss leichter werden

Der signifikante, nachhaltige Abbau der Arbeitslosigkeit setzt den Anstieg des in einer Volkswirtschaft geleisteten Arbeitsvolumens voraus – schon rein rechnerisch. Die Beispiele aus Dänemark und den Niederlanden bestätigen diese Einschätzung. Eine reine Umverteilung von Arbeit kann das Problem nicht lösen. Die – durchaus sinnvolle – bessere Vermittlung von Arbeitslosen auf bestehende Stellen oder eine ohnehin fragwürdige, allgemeine Arbeitszeitverkürzung reichen nicht aus, auch wenn dies von manchen Seiten suggeriert wird. Es sind Einmaleffekte. Notwendig ist ein stärkeres Wirtschaftswachstum. Dafür müssen Unternehmen investieren und neue Arbeitsplätze schaffen. Das gilt grundsätzlich, in Deutschland ist das dafür notwendige Wirtschaftswachstum aber besonders hoch. Erst ab einem Wirtschaftswachstum von circa 2 Prozent BIP werden bei uns neue Arbeitsplätze geschaffen, während in den USA schon bei Wachstumsraten von 0,5 bis 0,7 Prozent die Jobmaschine anspringt. Unsere Hürde liegt also weit über dem für 2003 erwarteten Wirtschaftswachstum von 0 bis maximal 0,5 Prozent. Warum ist das so?

Die Einstellung eines Arbeitnehmers stellt in Deutschland ein dauerhaftes finanzielles Risiko dar. Nach Ablauf der 6-monatigen Probezeit ist es in der Regel mit hohen Kosten verbunden, sich von einem Arbeitnehmer wieder zu trennen. Es gibt keine Toleranz für Fehler – weder in der Einschätzung des Bedarfs noch der Beurteilung der Eignung. Daher überlegen sich die meisten Unternehmen auch in guten Zeiten sehr genau, ob sie einstellen oder Wachstum über weitere Produktivitätssteigerungen oder mehr Überstunden ermöglichen. Besonders trifft dies auf Branchen mit starken Konjunkturzyklen und dadurch schwankendem Kapazitätsbedarf zu. Sie werden lieber auf Aufträge verzichten oder die Preise anheben, als das langfristige Risiko einer Einstellung einzugehen.

Im Vergleich zum Ausland belastet das Lohnnebenkostenniveau die Arbeitsnachfrage hier zusätzlich. Die Kosten für einen Arbeitnehmer sind weit höher als dessen Nettolohn, bedingt durch die weltweit höchsten Lohnzusatzkosten. Damit ist es gerade für international agierende Konzerne viel günstiger, im Ausland zu inves-

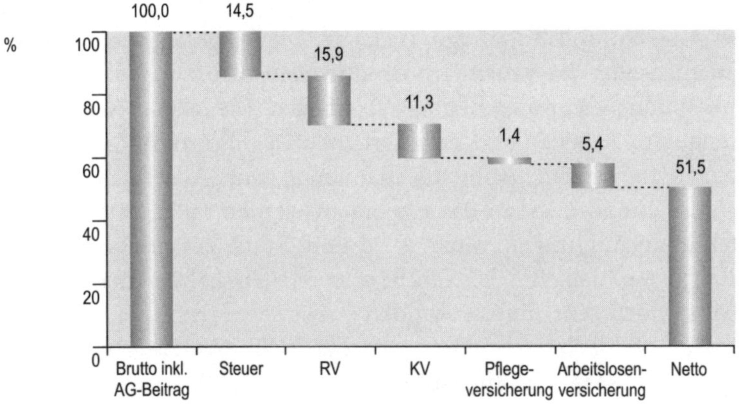

Quellen: Bundesfinanzministerium 2002; BCG-Analyse

Abbildung 14: Wie viel bleibt dem Arbeitnehmer vom Bruttolohn?

tieren, selbst wenn dort die Nettolöhne gleich hoch oder sogar höher als in Deutschland sind.

Lohnnebenkosten belasten die Kostenstruktur von Unternehmen ebenso wie den Geldbeutel des Arbeitnehmers. Dem durchschnittlichen Arbeitnehmer bleiben nur 51,5 Prozent seines Wertschöpfungsbeitrags für sich selbst (siehe Abbildung 14). Anders ausgedrückt: Nach einem Jahr Arbeit hat der Arbeitnehmer 2 Monate für die Rente, 7 Wochen für die Einkommensteuer, 5 Wochen für die Krankenversicherung, 4 Wochen für die Arbeitslosenversicherung und 1 Woche für die Pflegeversicherung gearbeitet. Kein überzeugendes Argument für Arbeit am Standort Deutschland.

Zu allem Überfluss ist kaum etwas so kompliziert, wie in unserem Land Arbeit zu schaffen. Ein unüberschaubares Gewerbe-, Bau- und Steuerrecht und allenthalben überbordende Bürokratie – der im Kapitel 8 beschworene »Krake Staat« – errichten Investitionshürden aus Formularen, Anträgen und Nachweisen. Unzählige und teilweise widersprüchliche Gesetze und Verwaltungsvorschriften machen unternehmerische Aktivität zu einer (Rechts-)Wissenschaft. Dass überhaupt noch Unternehmen in Deutschland investieren, zeugt mehr als beredt von den Qualitäten des Standortes – wie groß muss erst das Potenzial nach Beseitigung der Blockaden sein!

Eine umfassende Reform auf beiden Seiten des Arbeitsmarkts, bei Angebot und Nachfrage, ist nötig. Die festgefahrenen Strukturen auf Seiten der Arbeitnehmer sind ebenso aufzubrechen wie die Investitionshemmungen der Arbeitgeber. Die allgemeine Trendwende am Arbeitsmarkt erfordert mehr als die vorab diskutierten rein quantitativen Anreizmechanismen auf Arbeitnehmerseite. Unternehmen müssen dazu gebracht werden zu investieren. Die Rahmenbedingungen müssen es den Betrieben erlauben, ohne allzu große Risiken Arbeitskräfte einzustellen. Löhne können maximal so hoch sein wie die von den Arbeitnehmern erwirtschafteten Erträge. Einfache, logisch nachvollziehbare Anforderungen, die durch vier Hebel erfüllbar sind:

1. Eine Neueinstellung darf nur mit vertretbaren Risiken verbunden sein.

Insbesondere Kündigungs- und Arbeitnehmerschutzbestimmungen bieten Spielraum für ein sozial vertretbares und politisch argumentierbares Maß an Flexibilität. Die Entlastung, vor allem kleiner Unternehmen, von Rigiditäten und Verwaltungsaufwand bietet in der deutschen Mittelstandsstruktur großes Potenzial für eine Dynamisierung des Arbeitsmarkts. Konkrete Maßnahmen könnten die folgenden sein:

- *Erleichterung betriebsbedingter Kündigungen für Kleinbetriebe bis 20 Arbeitnehmer*[11]

  Höhere Flexibilität im Management von Kapazitäten reduziert das Risiko von Neueinstellungen – auch für weniger planbare Nachfrageanstiege wird die Einstellung von Arbeitnehmern jetzt attraktiv. Arbeitsplätze werden leichter geschaffen, die 2-Prozent-Wachstumshürde sinkt. Während es heute bei einem Auslastungsrückgang einfacher ist, den Betrieb ganz zu schließen, als einen Teil der Arbeitnehmer zu entlassen und die restlichen Arbeitsplätze zu erhalten, kann das Unternehmen dann auch in schwierigen Zeiten überleben. Eine Klage der gekündigten Arbeitnehmer und der daraus resultierende monatelange Rechtsstreit mit den entsprechenden Unsicherheiten oder teuren Abfindungen würden einen Kleinbetrieb aber erst recht in existenzielle Schwierigkeiten bringen.

- *Lockerung der Sozialauswahl bei Kündigungen*
  Aus Unternehmersicht gibt es im Augenblick nur zwei Alternativen: entweder motivierte junge Mitarbeiter als Erstes ausscheiden zu lassen, oder erfahrene ältere Mitarbeiter in den frühzeitigen Ruhestand zu schicken. Letztere war auf Grund ihrer Durchsetzbarkeit in der Vergangenheit oft die erste Wahl – keine ist ideal, weder für die Unternehmen noch die Mitarbeiter oder die Gesellschaft. Warum sollte das Alter der entscheidende Faktor in die eine oder andere Richtung sein? Die Berücksichtigung von Leistungselementen bei Kündigungen ist sowohl den Mitarbeitern gegenüber fairer als auch unternehmerisch effektiver. Nur erfolgreiche Unternehmen schaffen langfristig wieder neue Arbeitsplätze.
- *Erweiterte Zulässigkeit befristeter Arbeitsverhältnisse*
  Befristungen sollten unkompliziert auf bis zu fünf Jahre ausgedehnt werden können und auch mehrfach mit demselben Arbeitnehmer vereinbart werden können: Fünf Jahre Beschäftigung sind besser als keines oder nur eins – ohne Schaden für den Mitarbeiter kann hier die konjunkturelle Flexibilität von Betrieben signifikant erhöht werden.

2. Entscheidungen müssen auf den einzelnen Betrieb zugeschnitten werden können; Löhne müssen flexibler gestaltbar sein.

Betroffene fällen die besten Entscheidungen. Sie wägen ihre Interessen gegeneinander ab, sie verstehen die Situation des einzelnen Unternehmens, sie wollen eine gesicherte betriebliche Entwicklung. Eine kollektive Einheitsentscheidung auf Landes- oder gar Bundesebene, die Gleichmacherei von Automobilherstellern und Schaltschrankproduzenten in einer Einigung können auf die Bedürfnisse der Branche oder Industrie nicht eingehen – ein solcher Prozess kann die Zahl an Arbeitsplätzen nicht maximieren. Die Tarifverträge beinhalten bereits viele Öffnungsklauseln. Warum aber schließt man einen komplizierten Tarifvertrag nach dem anderen ab, anstatt Arbeitgebern und Arbeitnehmern auf Betriebs- oder Unternehmensebene die Möglichkeit einzuräumen, die Löhne wesentlich freier als heute möglich auszuhandeln? Wären die Ergebnisse wirklich schlechter für die Mitarbeiter – oder würde nur die Macht der Verbände, insbesondere der Gewerkschaften, geschmälert werden? Eine effektive Entmachtung kollektiver Interessenvertretung wird durch wenige Ansätze erreicht:

- *Abschaffung der Allgemeinverbindlichkeitserklärung von Tarifverträgen*

  Der Verzicht auf die gesetzliche Möglichkeit dieser Vereinheitlichung stärkt die Mitarbeiter vor Ort. Er setzt auf die Verantwortung und Vernunft jedes einzelnen Unternehmens und seiner Belegschaft – und legitimiert Kompromisse vor Ort, zum Besten des Betriebs und seiner Mitarbeiter.
- *Erleichterung von Betriebsvereinbarungen zwischen Unternehmen und Betriebsräten*

  Heute können Gewerkschaften Betriebsvereinbarungen verhindern, die – etwa wegen wirtschaftlichen Schwierigkeiten des Unternehmens – Gehaltssenkungen mit einer Beschäftigungsgarantie verbinden, auch wenn 99 Prozent der Belegschaft mit der Betriebsvereinbarung einverstanden sind. Die Kollektiventscheidung liegt nicht im Interesse der Betroffenen, sie dient nur der Machtausübung des Verbands – ein Besitzstand, der im Interesse der Allgemeinheit in unserem Reformkonzept keinen Platz hat.
- *Verringerung der Begründungspflichten des Managements gegenüber Betriebsräten bei wenig personalrelevanten Entscheidungen*

  Betriebsräte vertreten die Interessen der Mitarbeiter – warum sollte jede andere Entscheidung ihnen gegenüber begründet werden? Ein Gebäudeumbau oder eine technische Optimierung müssen nicht in jedem Fall für die Mitarbeiter von Bedeutung sein. Trotzdem müssen sie in allen Fällen in einem langwierigen Konsultationsprozess mit dem Betriebsrat ausgehandelt werden – wertvolle Zeit geht verloren. Und bei umfassenden Entscheidungen wie großen Investitionen oder Produktionsverlagerungen existiert bereits ein Gremium für eine auch mitarbeiterbezogene Aufsicht: der Aufsichtsrat, in dem die Mitarbeiter vertreten sind.

Wie sozial ausgewogen sind diese Vorschläge? Schenkt man der Gewerkschaftsseite Glauben, läuten sie das Ende der sozialen Tradition Deutschlands und die angloamerikanische Kapitalistenhölle ein – ja, stellen sogar die Grundsätze unserer demokratischen Ordnung infrage. In dieser Rhetorik sorgen die beschriebenen Maßnahmen nur für steigende Unternehmensgewinne und damit zu einer Umverteilung von unten nach oben.

Gewerkschaften müssen so argumentieren. Die Existenz von Gewerkschaften hängt von der Prämisse des Klassenkonflikts, von der Unvereinbarkeit von Arbeitnehmer- und Arbeitgeberinteressen ab. Wenn sich beide Seiten einig wären oder im Einzelfall auf Betriebsebene einigen könnten, wer bräuchte dann Gewerkschaften – insbesondere ihre Landes- oder Bundesverbände? Jede einzelne dieser Maßnahmen gefährdet den individuellen Besitzstand von Funktionären – ihre Opposition ist unvermeidlich. Aber wollen wir das Allgemeinwohl ihren Interessen opfern?

Einen grundlegenden Eingriff in die Tarifautonomie halten wir aus verfassungsrechtlichen und sozialpolitischen Gründen nicht für sinnvoll. Allerdings heißt Tarifautonomie nicht, dass Verhandlungsinhalte und -ergebnisse ausschließlich von Verbandsvertretern definiert werden, sondern von den unmittelbar Betroffenen – den Arbeitgebern und Arbeitnehmern. Dadurch wird es unternehmensspezifisch differenziertere Abschlüsse geben. Solche als unsozial zu charakterisieren, grenzt an Sarkasmus, wenn die Alternative ein Arbeitsplatzabbau durch undifferenzierte Lohnabschlüsse ist. Arbeitnehmern in Firmen mit schwieriger Wirtschaftslage wird durch undifferenzierte Flächentarife die Alternative Lohnverzicht gegen Arbeitsplatzerhalt genommen und Mitarbeitern in prosperierenden Unternehmen wird ein möglicherweise höherer Anteil an der Wertschöpfung vorenthalten. Ist das im Mitarbeiterinteresse – ist das sozial? Was ist eigentlich die viel zitierte soziale Gerechtigkeit?

Sozialpolitik kann nur mit den Mitteln betrieben werden, die vorher erwirtschaftet wurden. Unsere Steuern und Sozialabgaben müssen durch wirtschaftliche Tätigkeit, durch Umsätze erst verdient werden, bevor sie in unseren Taschen und denen des Staats enden. Zum Umverteilen muss etwas da sein. Und die Schaffung von Arbeitsplätzen ist für Arbeitslose und Gesellschaft besser als jede Form der Sozialpolitik und Umverteilung. Unsere Vorschläge geben den bisher Schwächsten – den nicht durch Gewerkschaften vertretenen so genannten Outsidern – die Möglichkeit, zurück in den Arbeitsmarkt zu finden; eine sozial wünschenswerte und

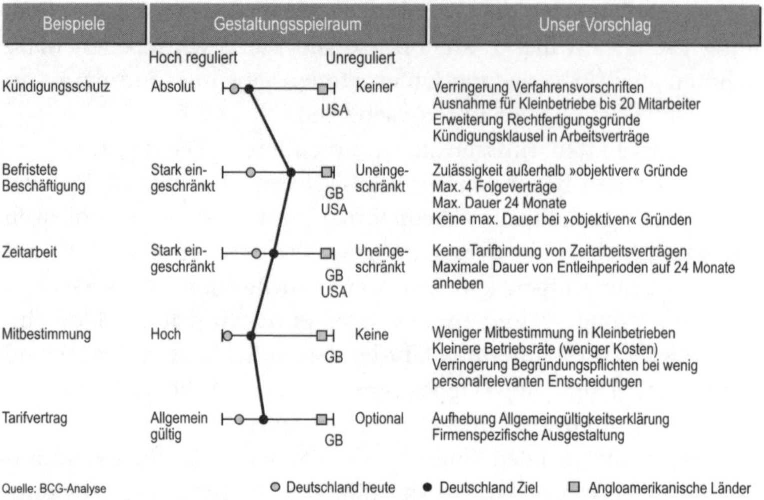

Abbildung 15: Deutschland soll nicht Amerika werden

gerechte Absicht. Sie sind mitnichten eine Kopie des US-amerikanischen »Hire-and-Fire«-Systems. Wir haben uns als deutsche Gesellschaft für ein System sozialer Abfederung und der Sorge für die Schwachen entschieden, eine Entscheidung, die durch keine dieser Maßnahmen infrage gestellt wird – im Gegenteil. Unser Reformansatz zielt auf die Verminderung einzelner Rigiditäten und die Entmachtung kollektiver Entscheidungen, nicht auf die Veränderung unserer gesellschaftlichen Werteordnung.

Die kollektiven Interessen der Arbeitnehmer- und Arbeitgeberverbände sind in unserer Lage kein guter Führer in die Zukunft der deutschen Wirtschafts- und Sozialordnung. Genauso wenig sind es die unzähligen Vorschriften, Verfahren und Ausnahmeregelungen, die wirtschaftliche Tätigkeit in Deutschland operativ gestalten und allzu häufig den Papier gewordenen Beweis widerstrebender Verbandsinteressen und mühseliger Kompromisse darstellen. Mit der Entmachtung der Kollektivinteressen muss die Entmachtung der Bürokratie einhergehen – es kann nicht angehen, dass Wirtschaftswachstum und Arbeitsplätze in der Papierflut aus deutschen Amtsstuben versinken.

3. Arbeitsmarkt- und investitionsrelevante Vorschriften sind zu entrümpeln und Bürokratie ist abzuschaffen.

Konkrete Beispiele der Regelungswut, deren Aufwand kein adäquater Nutzen gegenübersteht, gibt es unzählige. Die folgenden können an dieser Stelle nur illustrativ dienen:

- *Das Ausmaß der Formvorschriften im Arbeitsrecht*

  Der legitime Wunsch nach Schutz der Arbeitnehmer vor Willkür und Ungerechtigkeit verkompliziert die Arbeitsbeziehungen und ermöglicht zahlreiche Rechtsstreitigkeiten. So regelt der Gesetzgeber zum Beispiel im Detail die Zugangsfrist, Zugangsform und inhaltliche Begründung einer Abmahnung. Nicht die Existenz, sondern das Maß an Formvorgabe ist hier der Komplexitätstreiber. Sollte ein Fehlverhalten wie beispielsweise Trunkenheit wirklich ein losgelöstes Abmahnungsverfahren von einem zweiten, anderen Fehlverhalten – zum Beispiel Beleidigung – darstellen? Die Möglichkeiten, insbesondere für kleine und mittelständische Unternehmer, Formfehler zu machen, sind vielfältig, ohne dass die erhöhte Komplexität irgendjemand nützt. Sie kostet lediglich unnötig Geld, hält von eigentlichen Managementaufgaben ab und beschäftigt Gerichte und Anwälte. Aber sie kann kaum ein zerrüttetes Vertrauensverhältnis zwischen Mitarbeiter und Unternehmen wiederherstellen.
- *Die Mitwirkungsmöglichkeiten der Betriebsräte bei einer Umgestaltung der Arbeitsorganisation*

  Tatsächlich erfordert die Umstellung von Maschinen in einer Betriebshalle in Deutschland die Zustimmung des Betriebsrats. Langwierige und unter Umständen durch sachfremde Interessenkonflikte beeinflusste Entscheidungsprozesse beeinträchtigen Flexibilität und Effizienz deutscher Unternehmen, ein weiterer Faktor der im internationalen Vergleich oftmals kritisierten Innovationsträgheit. Subsidiarität der Abstimmung könnte hier heißen, dass selbstverständlich direkt betroffene Arbeitnehmer in den Entscheidungsprozess einbezogen sind – aber nur im Konfliktfall eine Vertretung ihrer Interessen auf kollektiver Ebene, also durch den Betriebsrat, veranlassen können. Eine Entscheidung in der Produktion würde nicht durch Probleme bei der

Vertriebsorganisation belastet – das Ende der sprichwörtlichen »Kuhhändel«. Auch hier dürften dadurch die besseren Entscheidungen für beide Seiten fallen. Und wiederum reduzierten sich die Probleme im Unternehmen – nur auf Kosten kollektivierter, nicht individueller Interessen.

- *Das Ausmaß der Arbeitsschutzbestimmungen*

  Ist Ihnen bewusst, dass die gesetzlich vorgeschriebene Raumtemperatur in der Toilette Ihres Arbeitsplatzes 21 Grad betragen muss? Oder dass jeder Arbeitsraum ein Fenster haben muss – selbst wenn es die Dunkelkammer eines Fotografen ist? Sie schütteln jetzt wahrscheinlich den Kopf – wirklich überraschen wird es Sie nicht. Aber stellen Sie sich vor, ein Unternehmen aufzubauen oder als ausländischer Investor in Deutschland tätig zu werden: die Formulare, die Genehmigungsverfahren, die Auseinandersetzungen mit Behörden – all das bietet keine positiven Anreize, sondern stellt vielmehr einen handfesten Standortnachteil dar.

- *Die Handwerksordnung*

  Das duale Ausbildungssystem gibt uns nach wie vor entscheidende Qualifikationsvorteile in den nichtakademischen Berufen. Seine mittelalterlichen Wurzeln liegen aber mitnichten nur in dem Wunsch nach Qualität der erbrachten Leistungen. Handwerksordnung und Meisterschule dienten vor allem auch dem Gebietsschutz der Zunftmitglieder – effektiv eine Zugangsbeschränkung für neue Betriebe und wiederum eine Frage der unterschiedlichen Interessen von verbandsvertretenen Insidern und unorganisierten Outsidern. Jahrhunderte später sind die Auswirkungen fatal: Ausbildungsplätze sind rar. Nur Meister haben das Recht, Auszubildende einzustellen. Für erfolgreiche Handwerker ohne Meisterbrief gibt es praktisch keine Möglichkeit, ihren Geschäftsbetrieb auszuweiten; die Meisterschule aber ist mit Kosten- und Zeitaufwand verbunden. Die vom Bundeskanzler in seiner Reformrede avisierte Lockerung der Anforderungen für eine Selbstständigkeit hat – in der Kombination mit einer Ausbildungserlaubnis für erfahrene Handwerker ohne Meisterbrief – das Potenzial für signifikantes Wachstum.

Eine Aufzählung der überregulierten Bereiche kann seitenlang weitergehen. Gremien auf Bundes- und Länderebene, wie zum Beispiel die bayerische Entbürokratisierungskommission, setzen sich zurzeit mit der dringend notwendigen Beseitigung des Spinnennetzes auseinander. Jedes Staatswesen, jeder Verwaltungsapparat hat eine Tendenz, seinen Einflussbereich noch detaillierter und scheinbar perfekter zu regeln. In Ländern wie China fragt man sich manchmal nur halb im Scherz, ob die frühere Erfindung des Papiers auch eine exponentielle Entwicklung der Bürokratie mit sich brachte – sogar die Führung der kommunistischen Volksrepublik China nimmt sich des Themas jetzt zu Gunsten der Investitionsförderung an!

Die Bereinigung des Regelungswusts ist eine kontinuierliche Aufgabe. Von großem Reiz sind daher aktuell diskutierte Vorschläge einer »Turnuskontrolle«, nach der jedes Gesetz, jede Verordnung alle paar Jahre ob seiner Notwendigkeit auf den Prüfstand kommt. Die Problematik reicht weit über Arbeits- und Investitionsfragen hinaus und wird in Kapitel 8 weiter vertieft.

Nach Umsetzung aller diskutierten Maßnahmen ist das Risiko einer Neueinstellung reduziert, Entscheidungen werden durch die Beteiligten optimiert und der tägliche Papierstapel auf dem Schreibtisch wird mindestens halbiert. Die Attraktivität des Produktionsfaktors Arbeit hat sich signifikant verbessert – aber kann sie mit den Substituten konkurrieren? Die Hürden sind zwar aus dem Weg geräumt, aber ohne Reformen weit über die Arbeitsmarktpolitik hinaus bleibt die erdrückende Last der Lohnnebenkosten.

4. Lohnnebenkosten, insbesondere die Sozialversicherungsbeiträge, müssen auf dauerhaft niedrigerem Niveau stabilisiert werden.

Jeder weiß das, jeder sagt das. Die Kranken- und Rentenversicherungssysteme haben über ihre Lohnfinanzierung einen massiven Einfluss auf die Arbeitsmärkte – eine Belastung, die durch die demographische Entwicklung ins Unermessliche steigen wird. Die Kosten der Sozialversicherungssysteme müssen insgesamt gesenkt und nicht verschoben werden, zum Beispiel in den Steuerbereich. Die verstärkte Kapitaldeckungsfinanzierung der Renten und die Effizienzsteigerung der Gesundheitsversorgung sind ein essenzieller Bestandteil einer erfolgreichen Gesamtreform, auf die wir in den Kapiteln 5 und 6 im Detail zurückkommen.

◆

Arbeitsmarktreformen sind eine wichtige Voraussetzung zur Wiedergewinnung wirtschaftlicher Dynamik in Deutschland. Flankiert werden unsere Vorschläge im Rahmen eines integrierten Steuer- und Transfersystems durch eine Steuerreform, die eng mit der Reform am Arbeitsmarkt abgestimmt ist. Investieren und Arbeiten in Deutschland soll sich für Privatpersonen und Betriebe lohnen.

Kapitel 4
Der Tod und die Steuern

»Zwei Dinge sind unvermeidlich im Leben: der Tod und die Steuern«, so ein englisches Sprichwort. Steuern sind Element jedes entwickelten Staatswesens. Zivilisierte Gesellschaften zeichnen sich durch ein öffentliches Gemeinwesen aus, das Regeln festlegt und durchsetzt und bestimmte Leistungen für die Allgemeinheit bereitstellt. Dieses öffentliche Gemeinwesen wird durch eine Umlage der Gesellschaftsmitglieder – sozial verträglich – finanziert. So weit der Konsens.

Und doch verursacht kaum eine staatliche Entscheidung so viel Klagen, Unzufriedenheit und Diskussionen wie die Steuern – und das seit Jahrhunderten: Die Steuerforderungen des englischen Königs John provozierten im Jahr 1215 die Rebellion der Earls und die Unterzeichnung der Magna Charta.

Beim Umfang steuerlich finanzierter Aufgaben und bei der Ausgestaltung des Steuersystems gehen die Meinungen weit auseinander. Das Steuersystem ist nicht nur Vehikel zur Finanzierung notwendiger Staatsaufgaben. Es ist auch Instrument der Umverteilung zwischen Bevölkerungsgruppen, ein Spiegel der Gerechtigkeitsvorstellungen der Gesellschaft. Und nicht zuletzt ist das Steuersystem ein zentraler wirtschaftlicher Standortfaktor. Es beeinflusst das Verhalten aller Marktteilnehmer:

- Die Höhe der Steuersätze bestimmt, wie profitabel Investitionen sind und wie stark es sich lohnt, mehr zu arbeiten.
- Die – einfache oder komplizierte – Ausgestaltung des Steuersystems bestimmt die Möglichkeiten des Einzelnen, seine Steuerlast zu beeinflussen; je komplexer das System, desto mehr Zeit und Ressourcen bringen wir alle auf, um Steuern

zu sparen – und desto ungerechter wird das System: Bezieher hoher Einkommen können sich eher teure Steuerberater leisten.

- Die Gesamtsumme der Steuerlast bestimmt das verfügbare Einkommen der Bürger und damit unsere Möglichkeiten, über den von uns erwirtschafteten Mehrwert frei zu verfügen.

Die Gestaltung des Steuersystems ist ein entscheidender Hebel der Wirtschaftsordnung und der Lebensführung jedes Einzelnen. Umso kritischer sind die schlechten Bewertungen deutscher

Wie mag er aussehen?

Wer hat zum Steuerbogenformular
Den Text erfunden?
Ob der in jenen Stunden,
Da er dies Wunderwirr gebar,
Wohl ganz – oder total – war?

Du liest den Text. Du sinnst. Du spinnst.
Du grinst – »Welche Rinds« – Und Du beginnst
Wieder und wieder. – Eisigkalt
Kommt die Vision Dir »Heilanstalt«.

Für ihn? Für Dich? – Dein Witz erblasst.
Der Mann, der jenen Text verfasst,
Was mag er dünkeln oder wähnen?
Ahnt er denn nichts von Zeitverlust und Tränen?

Wir kommen nicht auf seine Spur.
Und er muss wohl so sein und bleiben.
Auf seinen Grabstein soll man nur
Den Text vom Steuerbogen schreiben.

Joachim Ringelnatz (1933),
aus Joachim Ringelnatz, *Das Gesamtwerk in sieben Bänden*,
Band 2, Copyright © 1994 Diogenes Verlag AG Zürich

Steuerpolitik in internationalen Vergleichen – wie zum Beispiel das Ranking auf Platz 45 im World Competitiveness Yearbook des IMD Lausanne[12]. In- und ausländische Unternehmer und Wissenschaftler, aber auch die Bürger finden das deutsche Steuer(un)wesen abschreckend und demotivierend für Investitionen, Kapitalanlagen und Arbeit. Allenthalben wird über die hohen Steuern in Deutschland gestöhnt. Allenthalben wird das bürokratische Gestrüpp aus Steuergesetzen und Regelungen zur Bestimmung der Steuerlast beklagt. Was ist falsch gelaufen?

Wer hat zum Steuerbogenformular den Text erfunden?

Verstehen Sie Ihre Steuererklärung? Wenn ja, sind Sie wahrscheinlich einer der circa 70 000 Steuerberater in Deutschland – wahrscheinlich aber geht es Ihnen jedes Jahr wieder wie Joachim Ringelnatz schon 1933. Seit seiner Lebzeit, genauer seit In-Kraft-Treten des Einkommensteuergesetzes 1934, hat sich der Umfang des Einkommensteuerrechts verzehnfacht – zwischen 1999 und 2001 allein wurden 40 Steuergesetze und 60 Rechtsverordnungen erlassen. Zwei Beobachtungen:

- 95 Prozent der deutschen juristischen Fachliteratur beschäftigen sich heute mit steuerlichen Fragen.
- Ein steuerehrlicher, allein stehender Handwerker mit einem Bruttogehalt von 1 368 Euro monatlich verdient netto (nach Steuern und Sozialabgaben) 923 Euro. Bezieht er dagegen 591 Euro Sozialhilfe und arbeitet nebenher noch 20 Stunden pro Woche schwarz, kommt er auf ein monatliches Gesamteinkommen von 1 791 Euro – also auf fast doppelt so viel (siehe Abbildung 16).

Wie hängen diese Beobachtungen zusammen? Sind die deutschen Steuern tatsächlich so beklagenswert hoch? Die Antwort ist nicht ganz einfach:
Im internationalen Vergleich liegt die Höhe der Einkommensteuersätze – im Spitzensatz 51,2 Prozent – schon seit der ersten Stufe der Eichelschen Steuerreform nur im europäischen Durchschnitt

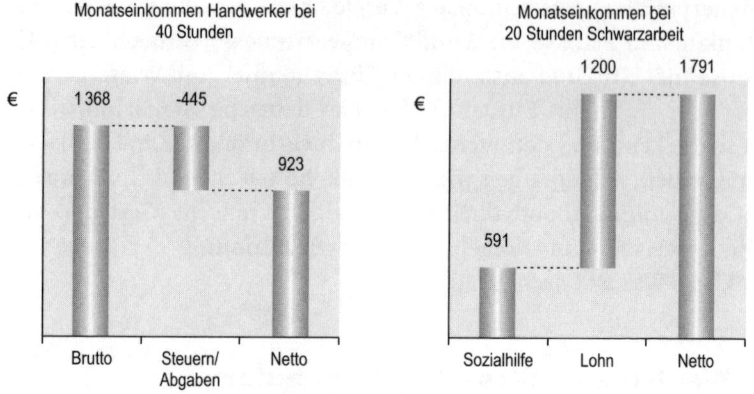

Quelle: BCG-Analyse

Abbildung 16: Anreize Steuer- und Abgabensystem

(siehe Abbildung 17). Bis 2005 wird sie auf ein deutlich unterdurchschnittliches Niveau absinken.

Für Unternehmen gehört Deutschland mit einer Belastung von 38,7 Prozent auch nach der Steuerreform zu den Hochsteuerländern, zumindest solange die Gewerbesteuer beibehalten wird. Vor der Steuerreform lag der Spitzensteuersatz auf Unternehmensgewinne gar bei 51,8 Prozent!

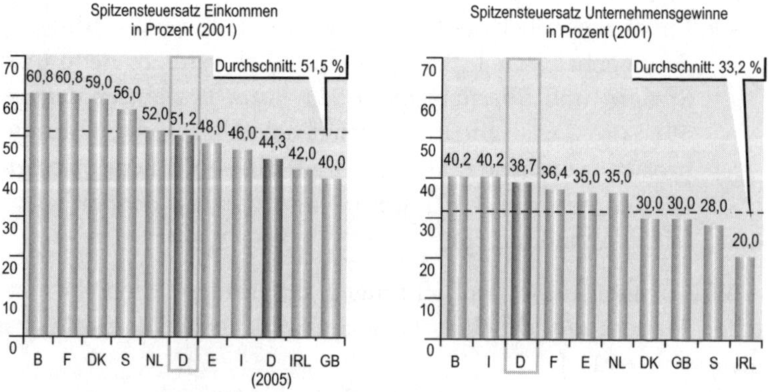

Quellen: Bundesministerium der Finanzen; BCG-Analyse

Abbildung 17: Spitzensteuersätze im internationalen Vergleich

Andererseits ist die Steuerquote – der Anteil der Steuereinnahmen am Bruttoinlandsprodukt – seit 1960 nahezu konstant. Im Jahr 1960 lag sie bei 22,6 Prozent, im Jahr 2001 bei 21,7. Im Vergleich der OECD-Länder ist dies eine eher niedrige Steuerquote.

Die Höhe des Spitzensteuersatzes wie auch die effektive Steuerbelastung können die verbreiteten Wehklagen über das deutsche Steuersystem nicht ganz erklären. Deutschland ist nur für Kapital und Unternehmensgewinne ein Hochsteuerland.[13] Für den Faktor Arbeit ist es vor allem ein Hochabgabenland. Wo liegt das Problem?

Jede Steuer berechnet sich als Produkt von Steuerbemessungsgrundlage (was wird besteuert) und Steuersatz (wie hoch wird besteuert). Um mehr Steuern zu generieren, kann man also Bemessungsgrundlage oder Steuersatz erhöhen (oder beides). Bei der deutschen Körperschaftsteuer ist die Bemessungsgrundlage gering, dafür sind die Steuersätze hoch. In geringerem Maß gilt dies auch für die Einkommensteuer. Aber macht es einen Unterschied, welche Gestaltungsvariante ein Land wählt? Sollten wir bei unserer insgesamt akzeptablen Gesamtbelastung den Ansatz wechseln?

Ja. Die Signalwirkung eines hohen Spitzensteuersatzes lenkt Investitionen und Einkommen von Deutschland weg an andere Standorte. Dort, wo die hohen Unternehmenssteuern trotz der Ausnahmetatbestände und Gestaltungsmöglichkeiten greifen, machen sie Investitionen und damit die Schaffung von Arbeitsplätzen weniger rentabel, mit negativen Folgen für Wachstum und Steueraufkommen.

Bei einem hohen Steuersatz haben Einkommensteuerzahler starke Anreize, durch Steuersparmodelle, Kapitalflucht oder gar Schwarzarbeit der Besteuerung auszuweichen. Im Augenblick kostet dieses – wiederum ökonomisch rationale – Verhalten den Staat jedes Jahr Einnahmen in Höhe von mehr als 60 Milliarden Euro. Jetzt ist das Interesse an einer niedrigen Belastung sicherlich den Arbeitnehmern aller Länder gemeinsam. Durch die hohen Sozialabgaben ist der Anreiz, sein deklariertes Einkommen möglichst gering zu gestalten, in Deutschland jedoch besonders groß – und die Definition der Bemessungsgrundlage bietet den nötigen Spielraum. Abbildung 18 zeigt dies exemplarisch für einen allein stehenden Durchschnittsverdiener ohne Kinder.

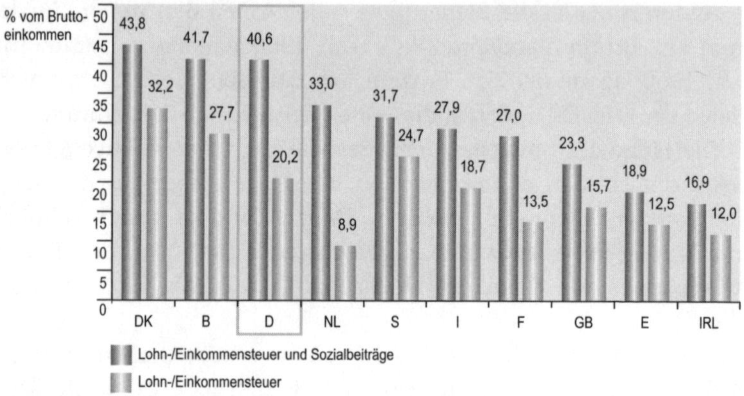

Quelle: Bundesfinanzminsterium

Abbildung 18: Belastung eines allein stehenden Durchschnittsverdieners mit Steuern und Sozialabgaben (2001)

Die Steuerbelastung dieses Durchschnittsverdieners – ebenso wie bei einer Familie mit Kindern – hält sich erwartungsgemäß in Grenzen. Bezieht man jedoch die Sozialabgaben mit ein, werden die Gründe für das jährliche Wachstum an Schwarzarbeit in Höhe von 5,6 Prozent[14] – weit mehr als das reguläre Wirtschaftswachstum – offensichtlich.

Auch ein ehrlicher Kapitalanleger wird nicht belohnt. Haben seine Anlagen 60 000 Euro Zinsen erwirtschaftet, bleiben ihm bei Versteuerung seiner Kapitalerträge zum Spitzensteuersatz nach heutigem Recht nur 27 852 Euro. Aus einer Vorsteuerverzinsung von 6 Prozent wird eine Nachsteuerverzinsung von 2,8 Prozent. Mit anderen Worten: Der Steuerhinterzieher genießt einen Mehrertrag von 115 Prozent (siehe Abbildung 19).

Die geplante, aber noch nicht verabschiedete Abgeltungssteuer auf Kapitalerträge könnte dieses Bild verbessern: Bei einer Abgeltungssteuer von 25 Prozent würden dem Anleger aus dem obigen Beispiel nach Steuern 45 000 Euro verbleiben; die Nachsteuerrendite würde von 6 Prozent nur auf 4,5 Prozent sinken – ohne Vermögensteuer. Würde man dagegen statt der Abgeltungssteuer eine 1-prozentige Vermögensteuer – wie von einigen politischen Kreisen gefordert – von einem Vermögen von 1 Million Euro abziehen, so reduzierte sich der Nettoertrag auf 17 852 Euro oder 1,8 Prozent.

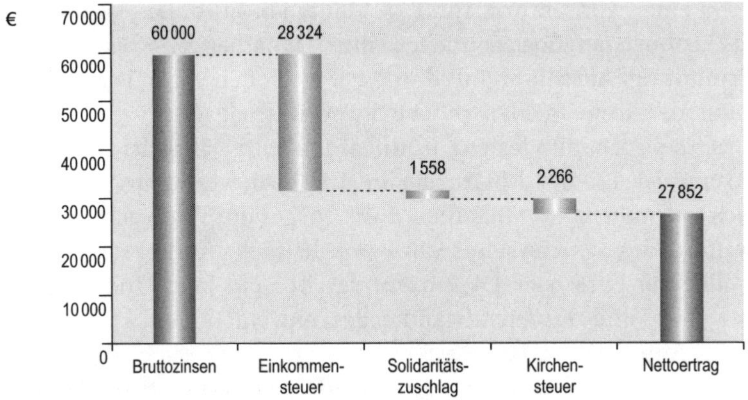

Quelle: BCG-Analyse

Abbildung 19: Nachsteuerverzinsung bei € 1 000 000 Vermögen und 6 Prozent Zinsen; Rechtsstand März 2003

Ehrlich währt hier nicht am längsten. Im Gegenteil: Steuerentzug wird als Kavaliersdelikt angesehen, Empfehlungen dazu sind längst respektables Gesprächsthema – und wer regulär Steuern zahlt, wird mitleidig belächelt.

Die Anreize und Fehlsteuerungen im deutschen Steuersystem sind grotesk und belasten letztlich die Allgemeinheit. Der Gesetzgeber adressiert diese Effekte durch die Reduktion der Bemessungsgrundlage – statt einer generellen Senkung der Individual- und Unternehmenssteuern hat man unzählige Ausnahmetatbestände, Abzugsmöglichkeiten und Steuersubventionen geschaffen. Für einzelne Branchen und Geschäftsmodelle sollen Investitionen damit attraktiver werden. In dem löblichen Bestreben, das System immer gerechter und ausgewogener zu machen, ist es durch Tausende von Sonderregelungen immer komplizierter und damit auch ungerechter geworden. Solche Regelungen provozieren die Entwicklung von Steuersparmodellen, die sich ohne die mit ihnen verbundenen Steuervorteile niemals rechnen würden. Volkswirtschaftliche Ressourcen werden verschwendet, und nicht einmal der Fiskus profitiert von diesem Steuerchaos, da die Bürger Steuerschlupflöcher schneller finden, als sie der Gesetzgeber schließen kann.

Der resultierende Verwaltungs- und Kostenaufwand ist enorm: Die rund 70 000 Steuerberater in Deutschland erzielten im Jahr

2000 einen Umsatz von rund 18 Milliarden Euro. Die Verwaltung der Lohnsteuerangelegenheiten ihrer Mitarbeiter – bis hin zur Ermittlung, Auszahlung und unter Umständen sogar Vorfinanzierung der Kindergeldansprüche ihrer Beschäftigten – kostet die Unternehmen mindestens 6 Milliarden Euro jährlich. Die Lohnkosten der 110 000 Mitarbeiter in der Finanzverwaltung belaufen sich auf weitere 4,4 Milliarden Euro. Insgesamt verursacht die Verwaltung des Steuersystems volkswirtschaftliche Kosten von circa 28 Milliarden Euro oder 1,4 Prozent des BIP pro Jahr. Und darin ist der Zeit- und Kostenaufwand jedes einzelnen Steuerpflichtigen zum Ausfüllen seiner Steuererklärung – was nach Ringelnatz schon 1933 ein deprimierendes Unterfangen war – noch nicht einmal enthalten!

Einfachheit und vor allem Fairness der Besteuerung sind nicht gewährleistet. Ein kompliziertes Steuersystem ist ein ungerechtes Steuersystem: Nur die Bezieher hoher Einkommen können sich die nötigen Steuerberater leisten, um den Paragraphendschungel zu durchdringen. Gerade im Sinne des so oft beschworenen Gemeinwohls und der Gerechtigkeit ist eine Steuerreform notwendig, die das Steuersystem radikal vereinfacht und systematische Anreize zur Aufnahme von Arbeit schafft. Gerechtigkeit und Effizienz sind die wichtigsten Argumente für den von uns im Folgenden beschriebenen Vorschlag.

Besteuerung von Kapitalgesellschaften: Der radikale Systemwechsel

Kapitalgesellschaften, die einen Gewinn erzielen, zahlen selbstverständlich eine Steuer auf diesen Gewinn, die Körperschaftsteuer. Den nach Steuern verbleibenden Betrag reinvestieren sie in ihr Unternehmen oder schütten ihn an die Anteilseigner aus. Ein gutes Steuersystem stellt sicher, dass diese Kapitaleinkünfte der Anteilseigner dann nicht ein zweites Mal besteuert werden – dies käme effektiv einer Strafsteuer auf ausgeschüttete Gewinne gleich (Lock-in-Effekt).

Bis zur Eichelschen Steuerreform 2001 war durch das Vollanrechnungsverfahren sichergestellt, dass ausgeschüttete Gewinne nur einmal besteuert werden. Denn die Eigentümer mussten zwar ihre Kapitaleinkünfte versteuern, erhielten jedoch die gesamte darauf bereits gezahlte Körperschaftsteuer erstattet. Nach Meinung der meisten Ökonomen ein technisch sauberes Verfahren, da es das Ziel einer gleichmäßigen Besteuerung optimal sicherstellt.

Seit der Steuerreform gilt das Halbeinkünfteverfahren – ein radikaler Systemwechsel. Danach werden Gewinne von Kapitalgesellschaften zunächst der 25-prozentigen Körperschaftsteuer und bei Ausschüttung zur Hälfte noch einmal der persönlichen Einkommensteuer des Empfängers unterworfen. Nur zur Hälfte, aber dafür wird die bereits gezahlte Körperschaftsteuer nicht zurückerstattet.

Dieser Systemwechsel wurde von vielen Steuerjuristen und Ökonomen bedauert, ist aber nicht mehr mit vertretbarem Aufwand rückgängig zu machen. Welche Auswirkungen das Halbeinkünfteverfahren auf Deutschlands Wettbewerbsfähigkeit um internationales Kapital hat, bleibt abzuwarten.

Exkurs: »Die Geister, die ich rief ...« – die Reform der Körperschaftsteuer

Wie Goethes Zauberlehrling setzt man manchmal Dinge in Gang, deren Verlauf man nicht mehr unter Kontrolle bekommt. Die Unternehmenssteuerreform 2000 hat sich für das Bundesfinanzministerium als eine Verkomplizierung des Steuerrechts mit erheblichen ungeplanten Konsequenzen erwiesen – nämlich dem Ausfall der Körperschaftsteuer in den Jahren 2001 und 2002. Während die Körperschaftsteuer im Jahr 2000 noch fast 24 Milliarden Euro in die öffentlichen Kassen brachte, wurde das Aufkommen im Jahr 2001 sogar negativ: Die Unternehmen erhielten 425 Millionen Euro zurück. Im Jahr 2002 ist die Summe der gezahlten Körperschaftsteuern zwar wieder positiv, beträgt aber mit 850 Millionen Euro nur einen Bruchteil des Aufkommens aus dem Jahr 2000.

Was war geschehen? Bei der Reform wurde der Steuersatz von 40 Prozent (bis 1998: 45 Prozent) auf einbehaltene und 30 Prozent auf ausgeschüttete Gewinne auf einheitlich 25 Prozent reduziert. Dies erklärt etwa ein Drittel des gesunkenen Aufkommens.

Daneben fand ein grundlegender Systemwechsel statt, nämlich vom Vollanrechnungsverfahren zum Halbeinkünfteverfahren. Bisher war es so, dass die Empfänger von Dividenden diese im Rahmen ihrer Einkommensteuererklärung voll versteuern mussten. Im Gegenzug konnten sie die von der Kapitalgesellschaft gezahlten Körperschaftsteuern ebenso voll auf ihre Steuerschuld anrechnen. Diese Möglichkeit der Anrechnung ist nun entfallen. Dafür müssen aber erhaltene Dividenden nur noch zur Hälfte versteuert werden.

Findige Kapitalgesellschaften schütteten nach diesem Systemwechsel ihre bis einschließlich 2000 einbehaltenen Gewinne – nach altem Recht besteuert – aus und erhielten die früher angefallene und heute aufgehobene Differenz von 15 Prozent beziehungsweise 10 Prozent Steuern zurück. Dies können sie für unter altem Steuerrecht erwirtschaftete Gewinne noch 15 Jahre lang tun; die Übergangsregelungen waren vor allem für Gewinne, die noch mit der 45-Prozent-Besteuerung thesauriert worden waren, jedoch so ausgestaltet, dass der Anreiz für Ausschüttungen im Jahr 2001 besonders groß war. Der Gesetzgeber war sich dieses Effekts bei der Verabschiedung der Steuerreform nur unzureichend bewusst. Im Ergebnis war das Körperschaftsteueraufkommen im Jahre 2001 negativ; es floss also Geld vom Staat an die Unternehmen.

Die Unternehmenssteuerreform 2000 zog fatale fiskalische Konsequenzen nach sich, mit denen Bund, Länder und Gemeinden aktuell zu kämpfen haben. Leider brachte sie keine Komplexitätsreduktion: Nach wie vor werden Kapital- und Personengesellschaften sowie Einzelkaufleute nach unterschiedlichen Kriterien besteuert. Um Gruppeninteressen zu wahren, gelten unterschiedliche Steuerregeln je nach Art des erzielten Gewinns. Bei Gewinnerwirtschaftung aus einer Geflügelzucht hängt die Steuerbelastung zum Beispiel davon ab, ob die Geflügelzucht als landwirtschaftliche Tätigkeit oder als Gewerbebetrieb zu bewerten ist – denn Landwirtschaft wird steuerlich gefördert. Für diese Beurteilung ist maßgeblich, über wie viel Platz die Tiere verfügen. Die Einkommensteuerrichtlinien detaillieren für jede Tierart den komplizierten Anrechnungsschlüssel. In der Praxis hängt es von der Dichte der Sitzstangen ab, wie viel Steuern ein Geflügelhalter zahlt. Solche Regelungen lassen Unternehmer Zeit und Geld zur Minimierung ihrer Steuerlast einsetzen, die sie sonst für ihre unternehmerischen Aufgaben verwenden könnten. Auch dies ist eine Fehlsteuerung volkswirtschaftlicher Ressourcen.

Gerechtere Steuerverteilung statt weniger Steuern

Hohe Steuern lähmen Konsum und Investitionen. Dieser Effekt hat sich zuletzt bei den Steuererhöhungsdiskussionen im Herbst 2002 gezeigt: Prompt brachen Frühindikatoren wie der Einkaufsmanagerindex und das Konsumentenvertrauen ein, aber auch die Einzelhandelsumsätze, die im Sommer 2002 erstaunlich stabil geblieben waren, sackten im November ab. Im Rahmen einer umfassenden Steuerreform sollte die Steuerbelastung der Bürger insgesamt so weit wie möglich gesenkt werden. Wie weit kann diese Senkung gehen? In welchem Umfang könnte die öffentlichen Hand auf Steuereinnahmen verzichten?

Nach Analyse der Struktur der öffentlichen Haushalte sind kurzfristige Einsparungen nur sehr schwer zu erzielen (siehe Abbildung 20). Es gelingt den Gebietskörperschaften in der Summe nicht, ihre laufenden Ausgaben für Personal, Sachaufwand, Zinsen

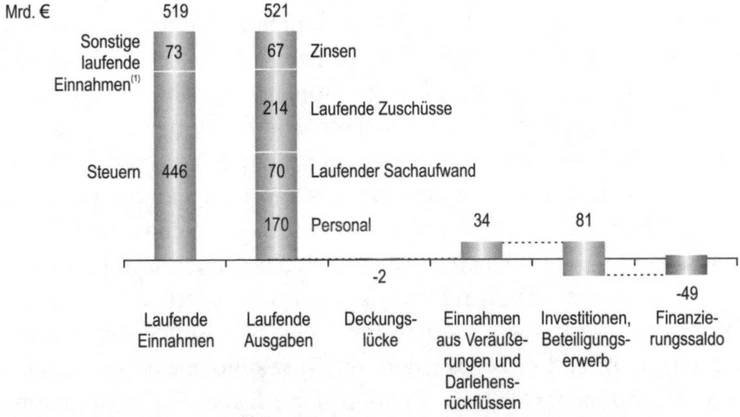

(1) Dividenden und Zinsen, kommunale Gebühren, Kostenerstattungen der EU etc.
Anmerkung: Alle Größen bereinigt um Zahlungen der Gebietskörperschaften untereinander
Quellen: Deutsche Bundesbank; Statistisches Bundesamt; BCG-Analyse

Abbildung 20: Einnahmen und Ausgaben der Gebietskörperschaften (2001) und Zuschüsse an Dritte durch ihre laufenden Einnahmen abzudecken. Der Staat muss Kredite aufnehmen, Beteiligungen verkaufen oder Rücklagen auflösen, um seine Konsumausgaben zu finanzieren.

Der Staat hat drei Möglichkeiten, um auf diese unerfreuliche Situation zu reagieren.

Er könnte zunächst seine *Kreditaufnahme* ausweiten. Dies ist allerdings rechtlich kaum möglich und wirtschaftlich nicht sinnvoll. Zum einen verbietet das Grundgesetz, dass die Nettokreditaufnahme größer ist als die Investitionen. Konsumausgaben dürfen also nicht über Kredite finanziert werden. Zum anderen verpflichtet der Maastrichter Vertrag die Mitglieder der Europäischen Währungsunion, langfristig ausgeglichene Haushalte anzustreben. Auch die gegenwärtige Diskussion über eine Aufweichung der 3-Prozent-Obergrenze für die jährliche Neuverschuldung wird daran nichts ändern. Am stärksten spricht aber ein wirtschaftlicher Grund für eine Begrenzung der staatlichen Verschuldung: Alle Kreditaufnahmen für Investitionen, die nicht einen entsprechenden Zinsertrag erwirtschaften – und dies trifft auf den allergrößten Teil der öffentlichen Investitionen zu – erschweren die Lage der öffentlichen Haushalte für die Zukunft. Jede Schuldenaufnahme heute ist eine Belastung der Zukunft (siehe auch Kapitel 2, Abschnitt *Japan – Modell für Deutschlands Zukunft?*).

Zweitens könnte der Staat *Steuern erhöhen*. Geht man von den schmerzhaften Erfahrungen der Vergangenheit aus, gelingt mit Steuererhöhungen das kurzfristige Stopfen von Haushaltslöchern. Mittel- bis langfristig erweisen sich die Erhöhungen jedoch als kontraproduktiv. Die Bürger weichen der Steuer aus, verlagern ihr Kapital und ihre Investitionen ins Ausland oder werden gar nicht mehr wirtschaftlich aktiv und wenden sich der Schwarzarbeit zu. Besonders prägnant haben wir dies in den achtziger und neunziger Jahren bei der Besteuerung von Kapital erlebt: Quellensteuern und dergleichen vertreiben Kapital ins Ausland. Stattdessen müsste Kapital ins Inland geholt werden, um Investitionen zu finanzieren und damit Arbeitsplätze zu schaffen. Eine Erhöhung der Konsumsteuern dämpft die ohnehin schwache Konjunktur; eine stärkere Besteuerung von Arbeitseinkommen und Unternehmensgewinnen setzt leistungsfeindliche Anreize.

Die Extremwirkung eines solchen Effekts – dass Steuererhöhungen in keinen oder gar sinkenden Steuereinnahmen resultieren – wird in der so genannten Laffer-Kurve beschrieben. Die Diskussion, wo wir uns auf dieser Kurve befinden, wollen wir an dieser Stelle weder beginnen noch als Argumentation für Steuersenkungen anführen. Die Realität der beschriebenen Anreize in unseren Lohnabrechnungen und Konsumentscheidungen aber ist aus unserer Sicht ausreichend, um weitere Steuererhöhungen als Finanzierungsmittel auszuschließen.

Steuererhöhungen sind Gift für die Wirtschaft und damit mittelfristig auch zur Haushaltssanierung ungeeignet. Andererseits haben die beschriebenen Haushaltsdefizite eine solche Höhe erreicht, dass auch eine deutliche Steuersenkung realistisch gesehen nicht infrage kommen kann.

Die Laffer-Kurve: Bringen Steuererhöhungen immer höhere Steuereinnahmen?

In den frühen achtziger Jahren senkte der amerikanische Präsident Ronald Reagan massiv die Steuern und finanzierte dies Programm durch höhere Staatsschulden. Dabei berief er sich auf eine Theorie des Ökonomen Arthur Laffer. Der Grundgedanke ist folgender:

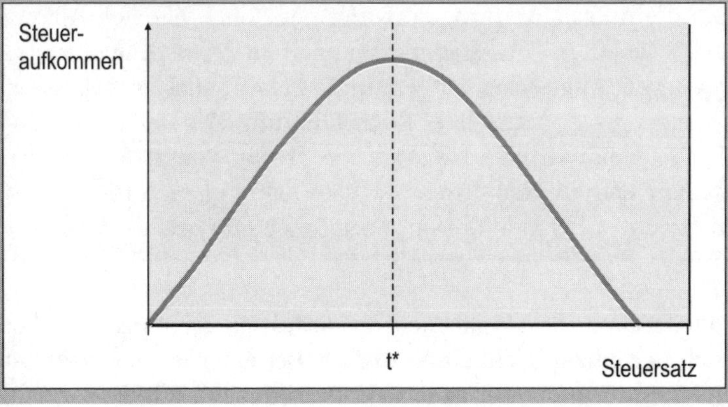

Bei einem Steuersatz von null beträgt das Steueraufkommen ebenfalls null. Wenn nun der Staat den Steuersatz erhöht, steigt auch das Steueraufkommen – aber nur bis zu einem gewissen Punkt. Denn bei steigenden Steuersätzen reduzieren die Einwohner ihre Bemühungen um ein höheres Einkommen – weil ihnen netto zu wenig bleibt – und suchen immer stärker nach Möglichkeiten, Einkommen der Steuer zu entziehen, zum Beispiel durch Schwarzarbeit oder Verlagerung ins Ausland. Sobald der Steuersatz t^* übersteigt, überwiegen diese Effekte; eine Erhöhung des Steuersatzes senkt dann sogar die Steuereinnahmen des Staats. Der logische Schlusspunkt ist bei einem Steuersatz von 100 Prozent erreicht, bei dem kein Einwohner mehr freiwillig sein Einkommen deklarieren wird.

Die Kunst liegt nun darin zu beurteilen, ob unsere Volkswirtschaft rechts oder links des Punktes t^* liegt, ob man also die Steuern senken oder erhöhen muss, wenn man die Steuereinnahmen des Staates steigern will. In den USA zeigte sich, dass das Steueraufkommen tatsächlich stieg, als Reagan die Steuersätze senkte. Dass die Reagan-Regierung die Staatsausgaben noch stärker als die Steuereinnahmen steigerte und daher gleichzeitig die Staatsverschuldung aufblähte, entwertet nicht das Prinzip der Laffer-Kurve.

Hat Deutschland den optimalen Steuersatz schon überschritten? Würde also eine Steuersenkung mehr Geld in die Staatskassen spülen und die Wirtschaft ankurbeln? Hierzu gibt es keine aktuellen Untersuchungen; nur der Versuch selbst könnte Aufschluss bringen. Laffer persönlich hat sich Anfang 2003 vehement für Steuersenkungen in Deutschland ausgesprochen. Angesichts der gespannten Haushaltslage ist unserer Überzeugung nach eine Konsolidierung der Steuerlast auf ihrem gegenwärtigen Niveau erstes Gebot; weitere Senkungen sollten sich an dem durch Wachstumsimpulse und Sparmaßnahmen eintretenden fiskalischen Spielraum orientieren.

Bleibt als dritte Möglichkeit die *Reduktion der Ausgaben*: ökonomisch der einzig nachhaltige Ansatz. Bei einer immer weiter steigenden Staatsquote von nahezu 50 Prozent kann nur die sorgfältige

Überprüfung staatlicher Ausgaben auf Dauer finanzielle Stabilität garantieren. Dieser richtige Weg ist weder einfach noch kurzfristig umsetzbar. Ein großer Teil der Gesamtausgaben der öffentlichen Hand ist rechtlich (zum Beispiel Sozialhilfe) oder vertraglich (zum Beispiel Personalkosten) fixiert. Die Mehrzahl der vorgeschlagenen Einsparmöglichkeiten gleichen sich insofern, als sie kaum je die Brieftasche des Vorschlagenden betreffen; insbesondere bei den Subventionen geht es um erhebliche Summen, auf die Unternehmen und Gewerkschaften der jeweiligen Branche nicht verzichten möchten (siehe auch Kapitel 8, Abschnitt *Der Staat als Unternehmer*). Der notwendige Konsens ist ein langwieriges Unterfangen. Eine deutliche Kürzung kann nur langfristig und in kleinen Schritten erfolgen. Umso dringender müssen diese Entscheidungen getroffen werden. Die langfristige Lösung der Haushaltsprobleme hängt von der effektiven und substanziellen Ausgabensenkung ab. Für die notwendige Übergangszeit muss jede Reform des Steuersystems die Realität des heutigen Finanzbedarfs berücksichtigen und adäquate Einnahmen generieren.

Wir brauchen eine Steuerreform, die durch eine allgemeine Gleichbehandlung aller Steuerpflichtigen die Leistungsanreize erhöht, für eine gerechte und gleichmäßige Besteuerung sorgt und gleichzeitig den Finanzbedarf des Staats nachhaltig sichert. Sozial ausgewogen sollte die Reform ebenfalls sein.

Die ausnahmslose Abschaffung aller Sonderregelungen und Vergünstigungen und die damit verbundenen Mehreinnahmen vereinfachen das Steuersystem dramatisch und ermöglichen die Senkung des Steuersatzes. Eine Senkung des Spitzensteuersatzes – und wir haben gesehen, welche Signalwirkung von einer solchen Senkung ausgehen würde –, muss durch die Erhöhung des Grundfreibetrags zur Entlastung der unteren Einkommensgruppen ergänzt werden.[15] Bei entsprechender Gestaltung kann das Steuersystem dadurch optimal auf unser reformiertes Sozialtransfersystem abgestimmt werden: Die Einkommensschwelle, ab der keine Transfers mehr gezahlt werden, ist gleichzeitig die Einkommensschwelle, ab der Einkommensteuern zu zahlen sind. Der hohe Grundfreibetrag erhöht zudem die Anreize zur Arbeitsaufnahme im Niedriglohnbereich, da geringe Einkommen nicht besteuert werden.

Deshalb schlagen wir eine Reform der Einkommensteuer vor, welche

- die Steuerbemessungsgrundlage verbreitert,
- die Steuersätze senkt,
- den Grundfreibetrag erhöht und
- ein vergleichbares Gesamtaufkommen wie heute erzielt.

Eine solche Reform stärkt die Leistungsfähigkeit der gesamten Volkswirtschaft und sichert gleichzeitig langfristig das Steueraufkommen. Sie ist ein Befreiungsschlag aus der Komplexität des verkrusteten Systems und damit ein Zeichen für die Reformfähigkeit. Auf dieser reformierten Basis können zukünftige Steuersatzsenkungen bei anziehender Wirtschaft aufbauen. Ringelnatz würde aus dem Staunen nicht herauskommen.

Da sich der Saldo aus Staatseinnahmen und Staatsausgaben nicht wesentlich ändert, gehen von unserer Reform keine negativen Auswirkungen auf das Staatsdefizit und das konjunkturelle Klima aus. Deswegen kann sie auch in schwierigen Haushaltssituationen oder in einem Konjunkturtal eingeleitet werden. Wenn dann die Wirtschaft wieder anzieht, können weitere Steuersatzsenkungen auf einer reformierten Basis aufbauen. Es gibt keinen Grund, noch zu warten.

Die Schönheit des Einfachen

Wir haben einen neuen Einkommensteuertarif entwickelt und durchgerechnet. Dabei vergleichen wir die Wirkungen unseres Steuertarifs bei einem hypothetischen In-Kraft-Treten im Jahr 2005 mit dem Steuertarif, wie er nach der heutigen[16] Gesetzeslage für 2005 vorgesehen ist.

Zunächst zum Tarifverlauf in den Jahren 2004 und 2005, wie er der Steuerreform 2000 der Regierung entspricht (siehe Abbildung 21).

Im Jahr 2004 sind die ersten 7 426 Euro steuerfrei. Danach steigt die Steuerbelastung für jeden zusätzlichen Euro von 17 Prozent auf 47 Prozent an. Ab 2005 soll die Besteuerung erst bei 7 675 Euro mit 15 Prozent einsetzen; für höhere Einkommen steigt sie bis auf 42 Prozent.

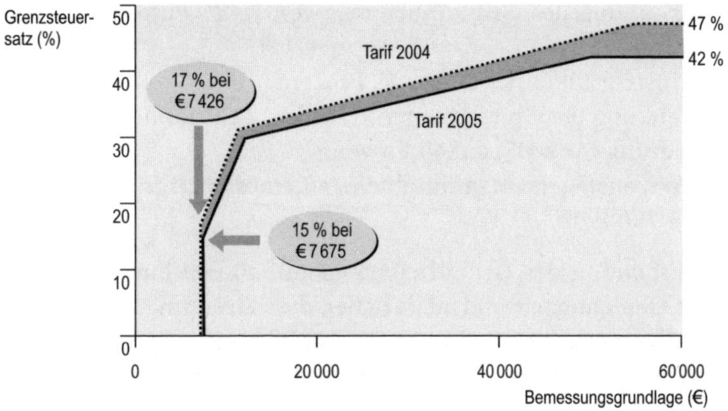

Quellen: Bundesfinanzministerium; BCG-Analyse

Abbildung 21: Einkommensteuertarife 2004/2005 gemäß Steuerreform 2000

Unser Vorschlag zum Steuertarif berücksichtigt gleichermaßen Belange sozialer Gerechtigkeit wie ökonomische Leistungsfähigkeit, da er zum einen die wirtschaftlich Schwächsten stärker als bisher von der Besteuerung befreit und zugleich Investitionen und Leistungsbereitschaft durch eine Senkung des Spitzensteuersatzes ankurbelt. Der Tarifverlauf nach einer solchen Reform der Einkommensteuer ist in Abbildung 22 dargestellt.

Die Eckdaten dieses Tarifs lauten:

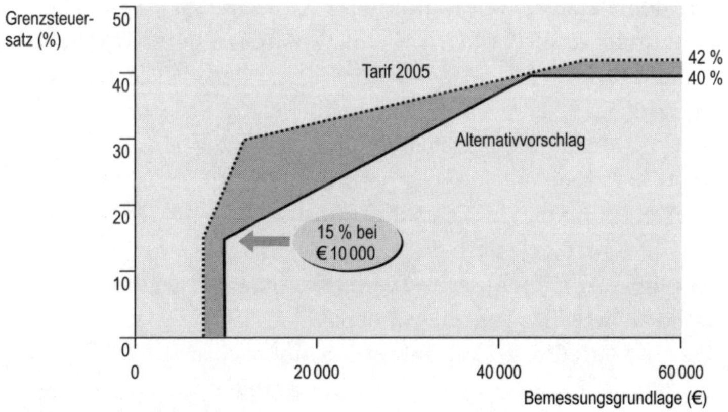

Quellen: Bundesfinanzministerium; BCG-Analyse

Abbildung 22: Reformvorschlag für Einkommensteuertarif

- Erhöhung des Grundfreibetrags von 7 426 Euro auf 10 000 Euro;
- Einstiegsgrenzsteuersatz: 15 Prozent;
- Senkung des Spitzensteuersatzes von 42 Prozent (Bundesregierung für 2005) auf 40 Prozent;
- Spitzensteuersatz greift ab einer Bemessungsgrundlage von 43 750 Euro.

Die Erhöhung des Grundfreibetrags auf 10 000 Euro dient der sozialen Gerechtigkeit und stellt sicher, dass zusammen mit den in Kapitel 3 vorgestellten Reformen im Sozialbereich ein abgestimmtes und in sich konsistentes Steuer- und Transfersystem entsteht. Unsere Vorschläge im Sozialbereich gewährleisten, dass bis zu einem Einkommen von 10 000 Euro abnehmende Sozialtransfers gezahlt werden. Die darauf abgestimmte Steuerreform stellt sicher, dass erst bei derselben Schwelle von 10 000 Euro die Besteuerung einsetzt. Dies ist ein bedeutender Vorteil gegenüber dem Status quo und den zurzeit diskutierten Reformvorschlägen im politischen Raum.

Noch einmal Hartz: Wie Vereinfachungen alles komplizierter machen können

An dem jetzigen Missstand, dass Sozialsystem und Steuersystem unkoordiniert widersprüchliche Anreize setzen, hat auch die Hartz-Kommission nichts geändert. Beispiel: Nach der Umsetzung der Hartz-Vorschläge zahlt ein Arbeitsloser, der eine Ich-AG gründet, einen einfachen, pauschalen Steuersatz von 10 Prozent bis zu einem Einkommen von 25 000 Euro. Damit soll die Besteuerung dieser Zielgruppe drastisch vereinfacht werden. Zugleich erhält der Gründer drei Jahre lang Zuschüsse vom Arbeitsamt. Arbeitnehmer werden also finanziell gefördert und müssen zugleich Einkommensteuer zahlen.

Dies ist paradox und außerdem unübersichtlich: Der Nettoeffekt hängt von den persönlichen Umständen ab. Es wird bei diesem wie bei allen anderen isolierten Fördermodellen immer schwieriger zu bestimmen, ob und für wen sich eine reguläre

Arbeit überhaupt noch lohnt. Immer mehr Energie von Hilfesuchenden und Beratern wird darauf verwendet, unter verschiedenen verfügbaren Förderungen die lukrativste herauszusuchen (»Gründe ich meinen neuen Betrieb am günstigsten als Ich-AG, mit Existenzgründungshilfen des Landes oder doch mit dem Übergangsgeld vom Arbeitsamt?«). Das Hartz-Konzept hat dem existierenden Förderungswirrwarr noch ein halbes Dutzend weiterer Varianten hinzugefügt.

Unser Vorschlag vermeidet genau dies. Soziale Gerechtigkeit und die Schaffung von Leistungsanreizen sind zwei Seiten derselben Medaille. Ein einfaches, übersichtliches Steuer- und Fördersystem gehört dazu.

Neben der Erhöhung des Grundfreibetrags sehen wir eine Senkung des Spitzensteuersatzes auf 40 Prozent vor. Diese Kombination aus einer deutlichen Erhöhung des Grundfreibetrags und einer nur mäßigen Senkung des Spitzensteuersatzes stellt sicher, dass gegenüber dem Status quo keine Umverteilung von unten nach oben stattfindet. Damit wird die notwendige gesellschaftliche Akzeptanz und Durchsetzbarkeit erhöht. Außerdem wäre eine stärkere Belastung der unteren Einkommensgruppen gerade in Zeiten schwacher Konjunktur Gift für diese. Gleichwohl verbleibt Leistungsträgern ein höheres verfügbares Einkommen als bei den Regierungsplänen, mit den entsprechenden gesamtwirtschaftlich positiven Konsequenzen für ihre Investitionsneigung und ihren Konsum. Der Gewinn von Einzelunternehmern und Personengesellschaften wird bei diesem Tarifverlauf ebenfalls schwächer besteuert, sodass mehr reinvestiert werden kann. 85 Prozent aller deutschen Unternehmen sind in diesen Rechtsformen organisiert; sie erbringen circa 20 Prozent der Umsätze.[17]

Abbildung 23 zeigt, wie alle Elemente unserer Reform des Steuer- und Transfersystems zusammenwirken. Wer weniger als 10 000 Euro jährlich verdient, erhält Sozial- beziehungsweise Arbeitslosenhilfe und zahlt keine Steuern. Wer mehr verdient, zahlt Steuern und erhält keine Transfers. Der Übergang ist gleitend. Jede Erhöhung des Bruttolohns steigert den Nettolohn nach Steuern und Transfers um mindestens 50 Prozent der Brutto-

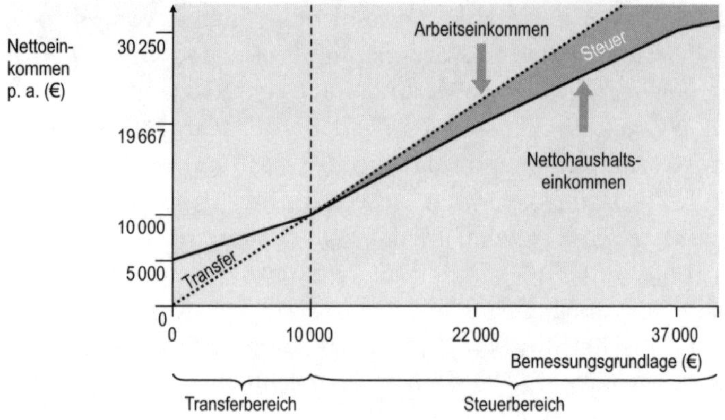

Quelle: BCG-Analyse

Abbildung 23: Transfer- und Steuerreform aus einem Guss (Brutto- und Nettoeinkommen eines Ledigen)

erhöhung – ob oberhalb oder unterhalb des Grundfreibetrags. Wohlgemerkt: Das heutige Steuer- und Transfersystem erfüllt keine dieser Eigenschaften.

Zu einem guten Steuertarif gehört eine breite Bemessungsbasis. Im gegenwärtigen deutschen Einkommensteuerrecht gibt es hinsichtlich der Bemessungsgrundlage unzählige Privilegien und Sonderregeln für Branchen und Personengruppen – die so genannten Steuersubventionen. Diese Privilegien führen zu Ungleichbehandlung – obwohl sie häufig über den Gleichheitsgrundsatz begründet werden –, Fehlanreizen bei Investitionen, unnötiger Komplexität und nicht zuletzt hohen Steuerausfällen. Ein einfaches Steuersystem über eine Vielzahl von Ausnahmen (Steuersubventionen) gerechter machen zu wollen, ist zum Scheitern verurteilt. Nur ein Beispiel: Die steuerliche Absetzung von Fahrten zur Arbeit sind vor allem für Arbeitnehmer in ländlichen Gebieten gedacht, die täglich viele Kilometer mit dem Auto zur Arbeit fahren müssen. Diese Arbeitnehmer bezahlen meist wesentlich geringere Wohnungsmieten als vergleichbare Arbeitnehmer in Großstädten, die kürzere Wege haben. Großstadtbewohner können aber nicht einen Teil ihrer Mietkosten von den Steuern abziehen.

Eine Abschaffung nahezu aller steuerrechtlicher Sonderregelungen bei gleichzeitiger Tarifsenkung ist der entscheidende Schritt

Abschaffung Sonderregelung	Effekt auf Steuerlast in Mio. €
Steuerpflicht Lohnersatzleistungen	+2 625
Steuerpflicht Aufwandsentschädigungen	+1 150
Steuerpflicht Sonn-/Feiertags- und Nachtarbeit	+1 900
Wegfall Aufwendungen Fahrten zur Arbeit	+3 350
Streichung Arbeitnehmerpauschbetrag	+3 350
Streichung Versorgungsfreibetrag	+1 050
Streichung Sparerfreibetrag	+3 750
Besteuerung von 70 % der Renten	+3 750
Beschränkung Progressionsvorbehalt	- 1 650
Wegfall degressive AfA für bewegliche Wirtschaftsgüter	+8 330
Volle Verlustberücksichtigung von KG-Beteiligung	+2 000
Sonstige(1)	+6 075
Summe Belastungen	35 680

(1) Positionen mit Wirkungen unter 1 Mrd. zusammengefasst
Quellen: Kirchhof et. al., Karlsruher Entwurf zur Reform des Einkommensteuergesetzes; BCG-Analyse

Abbildung 24: Streichung von Steuervorteilen

auf dem Weg zu einem gerechteren, effizienteren und einfacheren Steuersystem. Es gibt keine Notwendigkeit, das Rad neu zu erfinden: Der ehemalige Verfassungsrichter Paul Kirchhof hat zusammen mit zehn weiteren Steuerrechtsexperten den »Karlsruher Entwurf zur Reform der Einkommensteuer« (2001) ausgearbeitet, an dem wir uns hinsichtlich der Bemessungsbasis orientieren.[18] Die Tabelle in Abbildung 24 führt die wesentlichen wegfallenden Abschreibungsmöglichkeiten für Privatpersonen, Personengesellschaften und Kapitalgesellschaften auf.

Dieser Steuerreformvorschlag führt zu einer radikalen Vereinfachung des Steuersystems für alle Arbeitnehmer, Selbstständigen, Einzelunternehmer und Personengesellschaften. Die Streichung von Steuervorteilen belastet Bürger und Unternehmer zunächst mit 36 Milliarden Euro. Der größte Posten, die Umstellung der degressiven Abschreibungen auf lineare Verrechnung, ist dabei ein Einmaleffekt, der den Barwert von Investitionen nur sehr geringfügig verändert und zukünftige Investitionen nicht beeinträchtigen sollte.

Im Gegenzug entlastet die Tarifsenkung auf 15 Prozent bis 40 Prozent und die Erhöhung des Steuerfreibetrags auf 10 000 Euro die Steuerzahler um etwa 42 Milliarden Euro. Insgesamt bringt die Steuerreform 6 Milliarden Euro zusätzlich in die Taschen der

Deutschen – oberhalb der Vollentlastung im Freibetragsbereich relativ gleichmäßig über die Einkommensklassen verteilt.

Können wir uns das leisten – ist die von uns vorgeschlagene Steuerreform überhaupt finanzierbar?

Die Einnahmenausfälle des Steuertarifs belaufen sich auf 6 Milliarden Euro. Die Gegenfinanzierung dieser 6 Milliarden Euro findet sich im Kapitel 3, in dem wir unser Konzept zur Arbeitsmarktbelebung und Reform der Sozialsysteme dargelegt haben. Die dort erläuterte Absenkung der Arbeitslosen- und Sozialhilfe, verrechnet mit den Kostensteigerungen durch die nur noch 50-prozentige Anrechnung von Arbeitseinkommen auf die Transferhöhe, bringt der öffentlichen Hand netto etwa 6 Milliarden Euro ein. Die Kosten der Steuerreform werden durch Einsparungen bei der Reform der Sozialsysteme aufgewogen. Wir wollen dem System keine Mittel entziehen, wir wollen die staatlich genutzten Ressourcen aber auch nicht erhöhen – es geht vielmehr um eine Reallokation der Finanzmittel und ihrer Generierung, um optimale Anreize für Bürger und Unternehmen zu setzen.

Mittel- bis langfristig gehen wir von einer wirtschaftlichen Belebung, höheren Steuereinnahmen und niedrigeren Sozialausgaben aus – Effekte, die wir bewusst nicht in unsere Gegenfinanzierung einkalkuliert haben! Stattdessen haben wir konservative Berechnungen zugrunde gelegt. Damit trägt unsere Reform konsequent zu einem Abbau der strukturellen staatlichen Haushaltsdefizite bei.

Die beschriebenen Maßnahmen richten sich an Bürger und Personengesellschaften, weil dort hohe Steuertarife und komplexeste Regelungen das Bild bestimmen. Und wie sieht es mit den Kapitalgesellschaften und der viel besprochenen Körperschaftsteuer aus? Mit der Senkung des Körperschaftsteuersatzes auf 25 Prozent im Rahmen der Steuerreform sind wir jetzt durchaus wettbewerbsfähig. Die Umstellung auf das Halbeinkünfteverfahren war zwar unglücklich. Aber bei der Abwägung zwischen den fast abgeschlossenen Umstellungseffekten und der Verfahrenssicherheit für Unternehmen entscheiden wir uns für Planbarkeit – und plädieren für Beibehaltung des Status quo. Die aus dem neuen Verfahren resultierenden Einnahmelücken sind in den Jahren 2001 und 2002 realisiert worden; eine Rückführung des gesamten Prozedere stellt einen kaum zu überschauenden Verwaltungsaufwand dar – und ist gerade ausländischen Unternehmen und Investoren kaum mehr zu vermitteln. Die jüngsten Vorschläge der Regierung zur Erhöhung des Körperschaftsteueraufkommens im so genannten Steuervergünstigungsabbaugesetz – auf das im Folgenden weiter eingegangen wird – setzen sich somit mit der Behebung eines Effekts auseinander, der sich bereits überlebt hat, und sind weder notwendig noch sinnvoll; im Juni 2003 stieg das Körperschaftsteueraufkommen wieder an.

Vertrauensschwund durch Zickzackkurs

Die Steuerpolitik ist ein zentrales Handlungsfeld von Regierungen: Ständig gibt es kleine Änderungen, gelegentlich größere und etwa alle zehn Jahre eine Jahrhundertreform. Diese Änderungen werden meist aufmerksam verfolgt und diskutiert: Wenn es direkt um unser Portemonnaie geht, sind wir alle Experten. Seit 1998 hat uns die rot-grüne Bundesregierung einer steuerpolitischen Achterbahnfahrt ausgesetzt, die das Leben von professionellen Beobachtern und wirtschaftspolitischen Kommentatoren sicherlich kurzweiliger gemacht hat. Leider hat der Zickzackkurs gleichzeitig Investoren verunsichert und Kapital vergrault. Schauen wir uns die einzelnen Etappen genauer an.

Die Steuerreform der 1998 gewählten Regierung war ein wichtiger Schritt in die von uns skizzierte Richtung. Der Spitzensatz der Einkommensteuer wurde von 53 Prozent im Jahr 1998 auf heute 48,5 Prozent gesenkt, die Steuerbemessungsgrundlage verbreitert. Weitere Tarifsenkungen, die nach heutiger Rechtslage 2004 und 2005 in Kraft treten sollen, wurden von langer Hand angekündigt und damit kalkulierbar gemacht. Anteilsveräußerungen von Unternehmen wurden mit Wirkung ab 2002 begünstigt und damit die Entflechtung der »Deutschland AG« erleichtert. Leider verband der Gesetzgeber – wie bereits erläutert – die Neugestaltung der Körperschaftsteuer mit dem Systemwechsel vom Vollanrechungsverfahren zum Halbeinkünfteverfahren; zudem unterliefen ihm bei der Festlegung der Übergangsregelungen die schon diskutierten handwerklichen Fehler, die zu einem unvorhergesehenen Einbruch des

Körperschaftsteueraufkommens führten. Insgesamt ist die erste Phase unter Finanzminister Eichel jedoch positiv zu bewerten.

Seitdem geht es mit der Konjunktur bergab, und nach der Wahl 2002 mussten immer größere konjunkturell und strukturell bedingte Haushaltslöcher gestopft werden. In der bewährten Rhetorik dreht sich das Steuerpaket der Regierung um die »Abschaffung von Ausnahmeregeln«. Die Opposition hat das Paket im Bundesrat inzwischen abgelehnt. Zu Recht?

Nichts könnte aus den bisherigen Überlegungen heraus sinnvoller sein als Ausnahmen abzuschaffen – wenn, ja, wenn man es denn umfassend und aus den richtigen Gründen tut. Es sollte der Vereinfachung des Systems dienen. Die Regierung versucht, damit Steuern zu erhöhen. Es sollte für alle Ausnahmen gleichermaßen gelten. Der Gesetzesentwurf reduziert selektiv einige Ausnahmen, führt andere erst ein und erhöht an einigen Stellen ganz einfach die Steuern. Einmal mehr ist es kein großer Wurf, kein systemischer Ansatz, sondern ein Beispiel für kurzfristige Manipulation einzelner Hebel und damit nicht nur politisch zum Scheitern verurteilt.

Die Erhebung des vollen Umsatzsteuersatzes auf eine Vielzahl bisher begünstigter Produkte – ob gartenbauliche Erzeugnisse, landwirtschaftliche Vorprodukte oder so genannte Kombiprodukte –, die Vereinheitlichung der linearen Gebäudeabschreibung – bisher wird nach Baujahr und Gebäudenutzung unterschieden – oder die Anhebung der Entgeltgrenze für Werbekostenabzug bei Vermietung machen ohne Frage Sinn. Auslegbare Tatbestände wie beim Überraschungsei (als Lebensmittel statt Spielzeug geringer besteuert) oder der Verschneidung von Holz (je nach Faserverlauf 7 Prozent oder 16 Prozent Umsatzsteuer) öffnen steuerrechtlichen Manipulationen Tür und Tor – zum Teil so sehr, dass man Gewinne allein aus der Ausschöpfung der unterschiedlichen Steuersätze generieren kann. Noch einmal: Ideal wäre hier die Abschaffung aller Ausnahmen, um Ungerechtigkeit und unproduktiver Rechtsverdrehung einen Riegel vorzuschieben. Aber welche Konsequenzen haben die Aufhebung der Steuerfreiheit von mehrjährig erzielten Spekulationsgewinnen, die Einschränkung des Verlustvortrags oder die Veränderungen bei der steuerlichen Organschaft – außer höheren Steuereinnahmen?

Zunächst zur Versteuerung von Veräußerungserlösen. Bisher waren Gewinne beim Verkauf von Wertpapieren steuerfrei, wenn diese mindestens ein Jahr gehalten wurden (Spekulationsfrist).[19] Dadurch wird gewährleistet, dass Unternehmensgewinne genau einmal besteuert werden: beim Unternehmen oder – im Falle der Ausschüttung von Gewinnen – beim Anteilseigner. Kommt es nun zur Besteuerung von Gewinnen beim Verkauf von Aktien, die der Anleger über Jahrzehnte hielt, werden nicht ausgeschüttete (thesaurierte) Unternehmensgewinne doppelt besteuert, nämlich bei der AG und beim Aktienbesitzer. Denn die nicht ausgeschütteten Gewinne sind langfristig für den Anstieg der Aktienkurse verantwortlich. Deshalb wird durch die Besteuerung der Veräußerungsgewinne kein Steuerschlupfloch gestopft, sondern eine Doppelbesteuerung von thesaurierten Gewinnen eingeführt. Konkret wird sich dies in einer steigenden Kapitalflucht auswirken. Außerdem kommt das Vorhaben einer – sicherlich unerwünschten – Versteuerung eines Großteils des privaten Altersvorsorgekapitals gleich.

Die geplante Beschränkung von Verlustvorträgen ähnelt tendenziell einer Substanzsteuer und ist auf Grund ihrer Investitionsfeindlichkeit problematisch: Bisher sind Verlustvorträge der Höhe nach unbegrenzt und unbeschränkt in die Zukunft vortragbar. Bei langfristigen Investitionsprojekten wird damit über die Gesamtlaufzeit der Gesamtgewinn erfasst. Treten in den ersten Jahren Verluste auf, so können diese in den Folgejahren mit Gewinnen verrechnet werden. Ein typisches Beispiel sind die Investitionen eines Start-up-Unternehmens, sagen wir in der Biotechnologie. Anfangsforschung und Medikamentenentwicklung – die bis zu 15 Jahre dauern – sind mit zum Teil substanziellen Investitionen verbunden, während in den ersten Jahren Einnahmen zumeist nur in geringem Maß für Forschungskooperationen oder andere Dienstleistungen fließen. Das Unternehmen kann diese Verluste voll gegenrechnen, wird also nur auf den insgesamt über die Jahre erwirtschafteten Gewinn besteuert.

Die Gesetzesinitiative schränkt den jährlich anrechenbaren Verlustvortrag auf die Hälfte des erwirtschafteten Gewinns ein, um eine Mindestbesteuerung zu erreichen. Damit sinkt die Nachsteuerrendite auf große und langfristige Investitionen: Bei geringen Einkünften und hohen Investitionen streckt sich der Zeitraum bis zur vollen – unverzinsten – Anrechnung über Jahrzehnte. Bisher rentable Neuinvestitionen werden durch die Einschränkung des Verlustvortrags möglicherweise unrentabel. Ein Großkonzern kann diese Belastung wohl wirtschaftlich verkraften – wird sie aber bei der nächsten internationalen Investitionsentscheidung berücksichtigen.[20] Kleine, innovationsintensive Unternehmen sind vielleicht sogar in ihrer Existenz gefährdet. Investitionen und damit Arbeitsplätze werden gefährdet – Gift für den notwendigen Wachstumsschub. Zumindest müsste sichergestellt sein, dass weit in die Zukunft vorgetragene Verluste angemessen verzinst in die Berechnung der Steuerschuld eingehen, um den Barwert des Verlustvortrags nicht vom Zeitpunkt der Anrechnung auf die Unternehmensgewinne abhängig zu machen.

Ein weiterer Änderungsvorschlag betrifft die geplante Abschaffung der gewerbesteuerlichen Organschaft, die dramatische Auswirkungen auf die Struktur der deutschen Unternehmenslandschaft haben würde. Bislang ist es möglich, dass Konzerne, die aus zahlreichen Einzelgesellschaften bestehen, die Gewinne und Verluste der einzelnen Konzerngesellschaften über Gewinnabführungsverträge miteinander verrechnen. Nur so kann der wirtschaftlich richtige Konzerngewinn ermittelt werden. Geplant ist, diese Möglichkeit zumindest bei der Gewerbesteuer abzuschaffen. Alle Gewinne von profitablen Töchtern müssten dann in voller Höhe versteuert werden, während die Verluste der anderen Töchter nicht angerechnet werden könnten. Es ist zu erwarten, dass bei Verwirklichung der Pläne eine große Fusionswelle in Deutschland einsetzt, um die steuerlichen Nachteile der neuen Regelung zu vermeiden. Damit hätte der Fiskus keinen Euro zusätzlich auf seinen Konten. Allerdings könnten die Unternehmen die Vorteile kleinerer schlagkräftigerer Einheiten weniger nutzen, die in aller Regel auf den Märkten am erfolgreichsten sind. Die im letzten Jahrzehnt äußerst erfolgreiche »Dekonstruktion der Wertschöpfungsketten« in der deutschen Wirtschaft fände ein jähes Ende. Die Wettbewerbsfähigkeit des Standorts Deutschland ginge weiter zurück. Deshalb ist auch die Aufhebung der gewerbesteuerlichen Organschaft abzulehnen.

Ein weiteres Regierungsvorhaben, die geplante Abgeltungssteuer für Kapitalerträge, bewerten wir positiv. Wenn Kapitalerträge nur noch pauschal mit 25 Prozent beziehungsweise mit dem persönlichen Spitzensteuersatz – je nachdem welche Größe niedriger ausfällt – zu versteuern sind, erhöht dies die Nachsteuerrendite für Kapitalanlagen und Investitionen im Inland. Dies lässt erwarten, dass wieder mehr investiert wird und weniger Kapital außerhalb Deutschlands angelegt wird.

Fazit: Die aktuellen steuerpolitischen Initiativen sind ein Gemischtwarenladen. Richtige Ansätze mischen sich mit wachstumspolitisch kritischen Anreizen – ein umfassender Reformentwurf bleibt auch dieses Mal aus. Der Bedarf nach einem konzeptionell stringenten, auf die Arbeitsmarkt- und Transferpolitik abgestimmten Konzept ist akuter denn je.

◆

Die hier entwickelte Steuerreform, abgestimmt auf die Reform der Sozialtransfers und des Arbeitsmarkts, ist das Herzstück einer erfolgreichen Wachstumspolitik: kein Befreiungsschlag ohne diese beiden Komponenten!

Aber der steuerpolitische Weg kann die Belastung des Faktors Arbeit nur begrenzt senken. Hohe Lohnnebenkosten hemmen Arbeitsplatzschaffung, hohe Sozialversicherungsbeiträge verhindern die Arbeitsaufnahme. Nur die deutliche Senkung und nachhaltige Stabilisierung der Sozialversicherungsbeiträge kann diese Blockaden beseitigen. Beide großen gesetzlichen Sozialversicherungssysteme, Renten- und Krankenversicherung, müssen dauerhaft günstiger werden – umfassende Reformen sind an der Zeit.

Kapitel 5
›Die Renten sind sicher‹ – das Ende eines Mythos

Die demographische Zeitbombe tickt

Die Renten sind nicht sicher! Fachleuten ist das seit Jahrzehnten bekannt. Das deutsche Rentensystem steht vor der größten Herausforderung seiner Geschichte. Während in der gesetzlichen Rentenversicherung 1960 noch 5 Beitragszahler auf einen Rentner kamen und 2 000 immerhin noch 2,3 Beitragszahler, werden im Jahre 2030 lediglich 1,7 Arbeitnehmer einen Rentner versorgen müssen.

Die Gründe sind bekannt. Zu Beginn der siebziger Jahre kam es zu einem drastischen Rückgang der Geburtenrate. Heute bekommen Frauen in Deutschland im Durchschnitt 1,4 Kinder; für eine gleich bleibende Bevölkerung wäre jedoch eine Reproduktionsrate von 2,2 erforderlich. Wegen des Geburtenknicks gibt es immer weniger Erwerbstätige, die Rentenbeiträge leisten. Die Lebenserwartung steigt seit Jahrzehnten deutlich an. Das Durchschnittsalter für den Einstieg in die Rente fiel von knapp 65 auf weniger als 60 Jahre. Dadurch stieg die durchschnittliche Rentenlaufzeit für Männer zwischen 1960 und 1996 von 9,6 auf 13,6 Jahre an, für Frauen sogar von 10,6 auf 18,5 Jahre.

Immer weniger Erwerbstätige müssen also immer mehr Rentner versorgen, die auch noch immer länger Rente beziehen. Dieses Problem besteht heute schon und wird sich noch weiter verschärfen. Da demographische Entwicklungen langfristig verlaufen, können wir schon heute eine gute Prognose für den Altersaufbau der Bevölkerung im Jahr 2050 abgeben (siehe Abbildung 26).

Diese demographische Entwicklung stellt eine gewaltige Zeitbombe für das Fortbestehen der gesetzlichen Rentenversicherung dar. Gleiches gilt für die gesetzliche Krankenversicherung (siehe Kapitel 6). In beiden Bereichen gilt das Umlageverfahren: Aktive Arbeitnehmer leisten Beiträge, die unmittelbar wieder für Rentner und Kranke ausgegeben werden. Das System kann also nur so lange funktionieren, wie genügend Arbeitnehmer vorhanden sind,

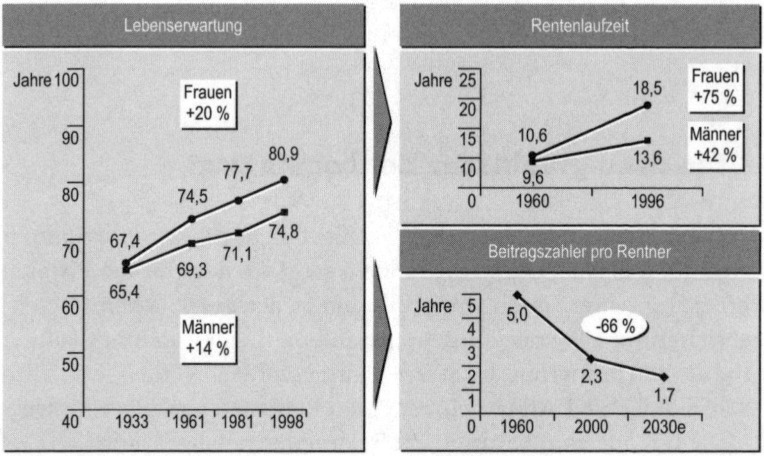

Quellen: Bundesregierung; IdW Köln; BCG-Analyse

Abbildung 25: Kennzahlen des Rentensystems

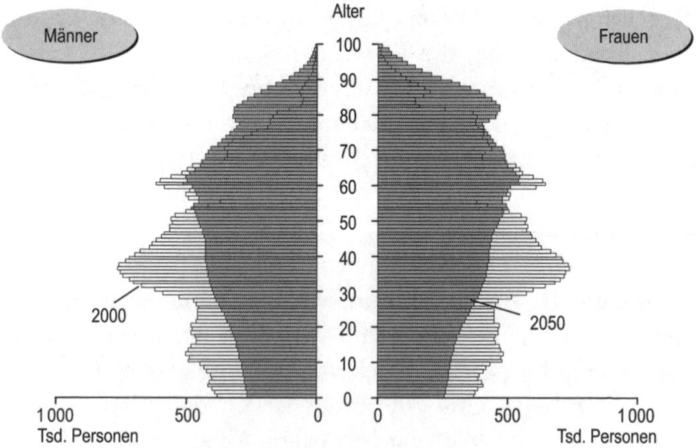

Quelle: Statistisches Bundesamt

Abbildung 26: Die Bevölkerungspyramide wandelt sich

um die notwendigen Beiträge zu leisten. Spätestens wenn die geburtenstarken Jahrgänge nach dem Krieg – die heute 30- bis 45-jährigen Babyboomer – in Rente gehen, muss eine rein umlagenbasierte Rentenversicherung zusammenbrechen.

Dies ist kein deutsches Phänomen, auch andere Industrieländer leiden darunter. Deutschland trifft die Pyramidenverschiebung jedoch besonders schmerzhaft, da wir im internationalen Vergleich die geringsten privaten und betrieblichen Rücklagen gebildet haben. 85 Prozent des Einkommens der deutschen Rentner stammen nicht aus angespartem Vermögen, sondern werden im Rahmen des Umlageverfahrens unmittelbar aus Arbeitnehmer- und Arbeitgeberbeiträgen finanziert (siehe Abbildung 27).

Ohne Reform ist der Kollaps des Systems unausweichlich. Die Rentenbeiträge würden nach einer Hochrechnung des ifo-Instituts von heute 19,5 Prozent des Bruttoeinkommens bis 2037 – dem Zeitpunkt der größten Belastung des Umlagesystems – auf mindestens 26,4 Prozent ansteigen. Diese Schätzung geht allerdings von einer Zuwanderung von mindestens 250 000 Personen und einem realen Wachstum des BIP von durchschnittlich 2,5 Prozent aus. Beide Werte sind äußerst optimistisch. Werden sie nicht erreicht, drohen ohne deutliche Rentenkürzungen Beitragssätze zwischen 30 Prozent und 40 Prozent.

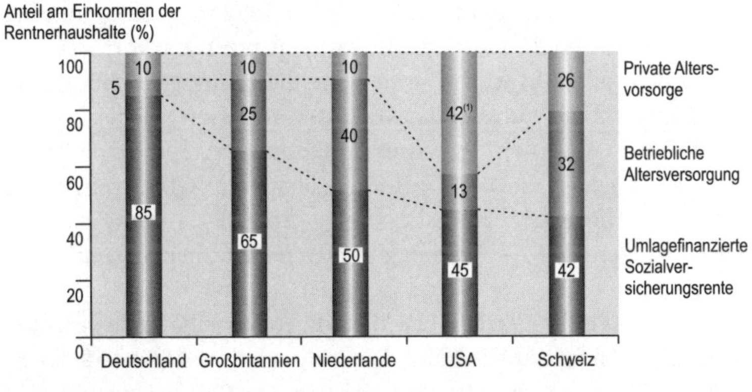

(1) Davon 25 % Erwerbseinkommen
Quellen: Institut der deutschen Wirtschaft, Köln (1998); BCG-Analyse

Abbildung 27: Alterssicherung im internationalen Vergleich

Obwohl diese Entwicklung seit Ende der siebziger Jahre vorgezeichnet ist, weigerten sich die sozialpolitischen Vertreter beider großer Volksparteien konsequent, sie zu akzeptieren und nach einer entsprechenden Lösung zu suchen. Es dauerte bis 2000, also 25 Jahre, bis die Politik einsah, dass mit punktuellen Reparaturen das Rentensystem nicht mehr gerettet werden kann. Der Verweis auf die Wiedervereinigung greift als Erklärung übrigens zu kurz. Die Wiedervereinigung hat den Reformbedarf noch verschärft und nach unserer Überzeugung dadurch verhindert, dass das Problem weiterhin geleugnet wird.

Viel Zeit wäre gespart worden, viele Probleme würden erst gar nicht auftreten, wäre die Politik den Hinweisen der Wissenschaft früher gefolgt. Die ganze Tragweite der verschleppten Probleme wurde in den letzten Jahren deutlich, als die Beitragssätze von Jahr zu Jahr stiegen und immer größere Zuschüsse aus dem Bundeshaushalt notwendig wurden, um die Rentenkassen zu füllen. Erst 1999 war man zu einer ersten substanziellen Reform bereit.

Einmal Riester und zurück

Der notwendige Abschied von einem veralteten und sachlich falschen Denken begann erst 1999 unter Arbeitsminister Walter Riester. Er setzte im Rahmen der am 1.1.2002 in Kraft getretenen Rentenreform durch, dass der Aufbau von privatem Vorsorgekapital staatlich gefördert wird. Damit sollte die bisherige Abhängigkeit der Altersvorsorge vom Umlageverfahren reduziert werden. Arbeitnehmer können einen Teil ihres Einkommens, der bis 2008 auf 4 Prozent ansteigt, staatlich gefördert ansparen. Gleichzeitig sieht Riester vor, die gesetzliche, also umlagefinanzierte Rente bis 2030 von 68 Prozent auf 64 Prozent der durchschnittlichen Nettolöhne zu senken.

Heute ist allerdings schon klar, dass die Reform die in sie gesetzten Hoffnungen nicht erfüllen kann. Die Bürger nehmen die neue Förderung nicht im erhofften Maß in Anspruch. Die Regelungen zur Mindestrendite und zu zwischenzeitlichen Auszahlungen für Hausbauer machen sie für Versicherer wenig attraktiv und senken letzten Endes die Rendite der Riester-Produkte. Die aufwändige Zertifizierung und die komplizierten Förderregeln haben die Bürger eher abgeschreckt. Und selbst wenn mehr Bürger eine Riester-Rente ansparen würden, wäre das demographische Problem nach unseren Berechnungen noch nicht hinreichend gelöst – dazu später mehr.

Leider hat die Bundesregierung im Herbst 2002 ihre eigene Reform konterkariert und das Umlagesystem weiter ausgebaut. Denn es galt, das Loch zu stopfen, das die schlechte Konjunktur in die Rentenversicherungskasse gerissen hatte. Um einen Beitragsanstieg zu verhindern, hat man die Beitragsbemessungsgrenze zur Rentenversicherung drastisch erhöht. Der Kreis der Umlage-Zwangsversicherten wird ausgedehnt; die Bezieher höherer Einkommen zahlen mehr in das Umlagesystem ein und haben gleichzeitig weniger Mittel für die private Altersvorsorge. Mehr Beiträge heute führen zu höheren Ansprüchen in der Zukunft. Damit werden genau dann in der Zukunft höhere Rentenansprüche fällig, wenn viel weniger Beitragszahler als heute zur Verfügung stehen. Die demographischen Probleme der Rentenversicherung wurden also verschärft.

Wir haben somit 2002 einen doppelten Richtungswechsel in der Rentenpolitik erlebt. Zunächst erfolgte ein Ausbau der privaten Vorsorge, der langfristig zu Lasten des gesetzlichen Rentensystems geht. Eindeutig ein Schritt in die richtige Richtung. Dann wurde das Loch in der Rentenkasse durch einen Ausbau des gesetzlichen Rentensystems geschlossen – kurzfristig erfolgreich, langfristig fatal. Fazit: Die Politik ist bislang nicht in der Lage, die Probleme der Rentenversicherung nachhaltig und konsequent zu lösen. Man kuriert nach wie vor kurzfristig an den Symptomen, auch wenn dies langfristig schädlich ist.

Das Sparschwein mästen

Wie können wir die Renten dauerhaft sichern? Das heutige Umlagesystem muss renoviert und die kapitalgedeckte Altersvorsorge ausgebaut werden. Das Sparschwein wird zukünftig für einen größeren Teil des Einkommens im Alter sorgen.

Zunächst zur umlagefinanzierten gesetzlichen Rentenversicherung. Hier werden mehrere Lösungen diskutiert:

- *Eine weitere Erhöhung der Beiträge.* Diese Option scheidet aus, da sie die Arbeitskosten erhöht und damit zu einem weiteren Anstieg der Arbeitslosigkeit führt. Die Anzahl der Beitragszahler ginge zurück, die Beitragssätze müssten weiter erhöht werden und noch mehr Arbeitsplätze gingen verloren. Ein Teufelskreis.
- *Ausbau der Bundeszuschüsse an die Rentenversicherung,* was einem Ausbau des steuerfinanzierten Anteils gleichkommt. Die Möglichkeiten hierzu dürften auf Grund der angespannten Haushaltslage noch auf Jahre hinaus stark begrenzt sein.
- *Erweiterung des Kreises der Rentenversicherungspflichtigen.* Es wird diskutiert, auch Selbstständige und Beamte versicherungspflichtig zu machen. Damit werden alle Bevölkerungsgruppen gleich behandelt und die gesetzliche Rentenversicherung erzielt höhere Einnahmen. Aber: Bei einer Ausdehnung der Versicherungspflicht heute wächst der Kreis der Anspruchsberechtigten von morgen. Die demographischen Probleme der Umlagefinanzierung nehmen mit jedem Rentenanspruchsberechtigten zu.
- *Erhöhung der Altersgrenze des Renteneintritts.* Gelingt es, das durchschnittliche Renteneintrittsalter von heute knapp 60 Jahren wieder auf knapp 65 Jahre zu erhöhen, könnte man die durchschnittlichen Rentenlaufzeiten von rund 15 Jahren auf 10 Jahre reduzieren. Die Ausgaben für Altersrenten würden um ein Drittel sinken. Umfragen zufolge würde jeder Dritte gern über das Alter von 65 hinaus arbeiten. Arbeitsverträge, Konventionen und die jugendbetonte Firmenkultur vieler Unternehmen verhindern dies noch viel zu häufig. Mit den letzten Rentenreformen wurde der nötige Paradigmenwechsel eingeleitet: Die vorgezogene Altersrente ab 60 gibt es nur noch eingeschränkt; Arbeitnehmer, die vor 65 in Rente gehen, müssen Abschläge an ihrer Rente hinnehmen; wer dagegen über 65 hinaus arbeitet, erhält für jeden zusätzlichen Monat mehr Rente. Diese Differenzierungen sind zu verstärken.
- *Reduktion der Rentenansprüche.* Das durchschnittliche Ausgabevolumen je Rentner wird reduziert werden müssen. Nicht weil irgendjemand die heutigen Rentner für überversorgt

hielte – schließlich ist es gar nicht so lange her, dass Altersarmut ein gängiges Phänomen war. Sondern weil den umlagefinanzierten Rentenkassen schlicht die Mittel dafür fehlen werden, das heutige Rentenniveau auch nur annähernd aufrechtzuerhalten. Einschnitte bei den Normalrenten und bei den Witwen- beziehungsweise Witwerrenten sind abzusehen; auch die Abkopplung der Renten von der Lohnentwicklung erscheint wahrscheinlich.

Aus unserer Sicht sind also nur solche Reformen der umlagefinanzierten Rentenversicherung zielführend, die die Ausgaben senken. Einnahmeerhöhungen würden das demographische Problem nur weiter verschärfen. Es führt kein Weg daran vorbei: Wir, die Arbeitnehmer von heute, werden länger arbeiten müssen; und wenn wir dann endlich in Rente gehen, erhalten wir – bezogen auf unsere Einzahlungen – weniger aus der Umlagefinanzierung als heutige Rentner.

Öffnet die Tore: Zuwanderung hilft

Der Aufbau der Bevölkerungspyramide bestimmt sich nicht nur aus Fortpflanzungsrate und Lebenserwartung der heimischen Bevölkerung. Auch der Saldo aus Zu- und Abwanderung spielt eine wichtige Rolle. Kann eine intelligente Einwanderungspolitik das Problem der ungünstigen Pyramidenstruktur lösen?

Mildern ja, lösen nein. Die Entwicklung des Altenquotienten – die Anzahl der über 64-Jährigen, die auf einhundert 20- bis 64-Jährige kommen – ist ein guter Indikator dafür. Der Altenquotient beträgt heute 25. Bei einer Bevölkerungsstruktur wie in der Pyramide in Abbildung 26 wird er sich verdoppeln: Auf hundert Menschen im erwerbsfähigen Alter werden im Jahr 2050 52 Senioren kommen. Die zu Grunde liegende Hochrechnung geht von einem durchschnittlichen Zuwanderungssaldo von 200 000 Personen jährlich aus. Wenn der durchschnittliche Zuwanderungssaldo nur bei 100 000 läge, würde der Altenquotient bis 2050 sogar auf 56 steigen.

Um den Altersquotienten dagegen auf heutigem Niveau zu halten, müssten nach Berechnungen der Vereinten Nationen jährlich rund 480 000 mehr Menschen nach Deutschland einwandern als aus Deutschland auswandern – eine unrealistische Zahl. Zwar betrug der Wanderungssaldo im Spitzenjahr 1992 790 000, aber der langjährige Durchschnitt liegt für Deutschland bei rund 150 000. Eine anhaltende Steigerung auf 480 000 wäre nur unter großen Schwierigkeiten umsetzbar.

Dennoch – Einwanderung ist nötig und eine gezielte Einwanderungspolitik sollte sich auf jüngere, gut ausgebildete Familien mit Sprachkenntnissen konzentrieren. Viele andere Nationen machen es ebenso. (Das Grundrecht auf Asyl bleibt davon unberührt.) So kann das demographische Problem abgemildert werden, ohne dass die Integrationsprobleme neuer Zuwanderer überhand nehmen.

Damit in 20 oder 30 Jahren nicht ein großer Teil der Bevölkerung unter Altersarmut leidet, müssen wir den kapitalgedeckten Anteil unseres Einkommens als Rentner erhöhen. Mit anderen Worten: Wir müssen für das Alter sparen. Eine kapitalgedeckte Altersvorsorge gewährleistet, dass jeder Arbeitnehmer während seines Ruhestands das Vermögen verzinst ausbezahlt erhält, das er während seiner Erwerbstätigkeit angespart hat. Die Auszahlung ist unabhängig von der demographischen Entwicklung.

Die Riester-Reform ist also konzeptionell der richtige Ansatz: Senkung des Rentenniveaus, Förderung einer privat angesparten Zusatzrente. Ein wichtiger Systemeffekt: Eine private kapitalgedeckte Vorsorge erwirtschaftet Renditen von langfristig circa 5 Prozent[21] jährlich, während ein Arbeitnehmer, der im Jahr 2030 in Rente geht, in der gesetzlichen Rentenversicherung nur mit einer Rendite von –0,3 Prozent bis 0,3 Prozent auf seine Einzahlungen rechnen kann.

Allerdings reicht die Riester-Rente in ihrer bisherigen Ausgestaltung nach unseren Berechnungen nicht aus, um die Rentenversicherung zu stabilisieren. Die ungünstige Bevölkerungsentwicklung bewirkt, dass der gesetzliche Rentenversicherungsbeitrag trotz Riester von 19,5 Prozent in 2003 bis zum Jahr 2037 auf rund

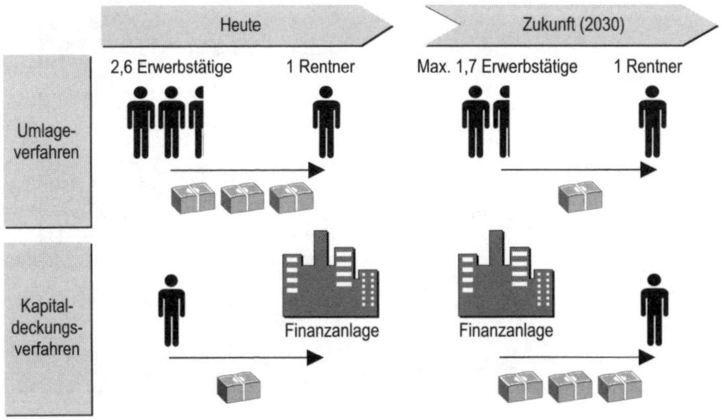

Quellen: Statistisches Bundesamt; BCG-Analyse

Abbildung 28: Umlage- und Kapitaldeckungsverfahren im Vergleich

26 Prozent ansteigen und dann dauerhaft auf diesem Niveau verharren wird. Die Bundesregierung hat zwar ein Maximalniveau des Beitragssatzes von 22 Prozent nach der Riester-Reform ermittelt, dabei allerdings eine Erwerbsbeteiligung (68 Prozent statt der heutigen 49 Prozent) und einen Zuwanderungssaldo (300 000 statt 150 000 wie im langjährigen Durchschnitt) unterstellt, die wir für unrealistisch hoch halten.

Der Riester-Ansatz muss also ausgebaut werden. Die kapitalgedeckte Privatvorsorge sollte bis zu einer Sparrate von 8 Prozent des Bruttolohns (heute: 4 Prozent) gefördert werden. Dieser Betrag würde es ermöglichen, die Rentenversicherungsbeiträge langfristig bei rund 18 Prozent zu stabilisieren und gleichzeitig mindestens das heutige Gesamtversorgungsniveau zu bewahren. Dabei gehen wir von einer Bevölkerungsentwicklung wie in Abbildung 26 aus und unterstellen, dass zusätzlich zur Riesterschen Rentenreform alle Arbeitnehmer verpflichtet werden, ab 2008 nach einer schrittweisen Hinführung 8 Prozent ihres Bruttolohns als private Altersvorsorge anzusparen. Eine weitere Annahme ist, dass die privaten Vorsorgeprodukte eine Durchschnittsverzinsung von 6 Prozent[22] erzielen – realistisch, falls die aus unserer Sicht unnötigen Einschränkungen für förderfähige Produkte aufgehoben werden.

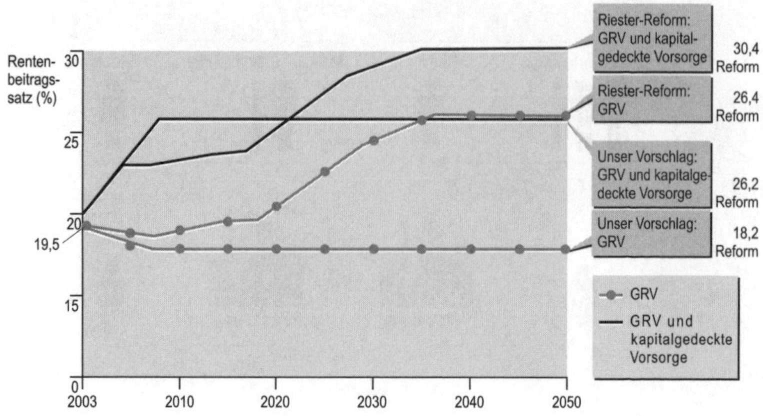

Quellen: Rentenversicherungsbericht 2001; ifo-Institut; BCG-Analyse

Abbildung 29: Rentenreform mit erhöhtem Kapitaldeckungsanteil

Einen Überblick über unseren Vorschlag gibt die Abbildung 29.

Dies ist die einzige Lösung, die die Last des demographischen Problems auf alle Generationen verteilt. Denn ein kompletter Systemwechsel von der Umlagefinanzierung zur Kapitaldeckung würde die heutigen Erwerbstätigen doppelt belasten. Sie müssten für die Alten aufkommen und zugleich für ihr eigenes Alter einen Kapitalstock in vollem Umfang aufbauen. Würde man das heutige System unreformiert beibehalten, wäre dagegen die heute ins Berufsleben eintretende Generation massiv benachteiligt. Sie müsste ein Erwerbsleben lang hohe Beiträge zahlen, ohne im Alter auf adäquate Renten hoffen zu können.

Bei Verwirklichung unseres Vorschlags werden diese Probleme vermieden. Der Beitragssatz kann ab 2010 bei circa 18 Prozent stabilisiert werden. Die dazu notwendigen Kürzungen bei der Sozialversicherungsrente werden aber bereits ab diesem Zeitpunkt durch die Privatvorsorge ausgeglichen. Wichtig ist dabei nur eines: Die Vorschläge müssen so rasch wie möglich – am besten noch 2003 – umgesetzt werden, da sich das Zeitfenster bis zur Explosion der demographischen Zeitbombe bereits schließt. Soll ab 2010 bereits ausreichend Kapital zur Verfügung stehen, müssen wir sofort mit dem Ansparen beginnen.

Wie soll dies geschehen? Die Riester-Rente ist sicher ein gutes, wenngleich überreguliertes und daher intransparentes Modell. Unumgänglich ist es, die ergänzende private Vorsorge verpflichtend zu machen. Diese sollte aber nicht auf die Riester-Rente beschränkt werden. Vielmehr ist es sinnvoll, das gesamte Spektrum privater und betrieblicher Altersvorsorge anzuerkennen, wie private Renten- und Lebensversicherungen, Arbeitgeber-Direktzusagen, betriebliche Pensions- und Unterstützungskassen. So wird Altersarmut verhindert und zugleich niemand in der Art seiner Vorsorge bevormundet – bis auf die Pflicht zur Altersvorsorge. Gleichzeitig wird der Wettbewerb der verschiedensten Anlageformen gewährleistet. Dies stärkt die Effizienz der Kapitalmärkte und erhöht die Rendite der Anleger.

Diese Reform ist notwendig, aber nicht kostenlos zu haben. Die staatliche Förderung würde bei voll ausgebautem System, bei dem jeder 8 Prozent seines Bruttoeinkommens spart, rund 8 Milliarden Euro jährlich – zusätzlich zur heutigen Förderung bis 4 Prozent – kosten. Dabei haben wir unterstellt, dass der Staat die Privatvorsorge wie heute wahlweise über Direktzuschüsse zur Sparsumme oder über die steuerliche Absetzbarkeit der Sparraten fördert. Zur Gegenfinanzierung schlagen wir den Abbau von Subventionen vor; dies wird im Kapitel 8, Abschnitt *Der Staat als Unternehmer* ausführlich diskutiert.

Im Überblick seien hier noch einmal unsere Vorschläge zur Sanierung des Rentensystems genannt. Sie ruhen auf zwei Säulen:

- *Entlastung des umlagefinanzierten Rentensystems*
  - Anhebung des faktischen durchschnittlichen Renteneintrittsalters von 60 auf 65 durch deutlichere Zu- beziehungsweise Abschläge bei der Rente;
  - mittelfristig Senkung des Rentenniveaus und Abkoppelung von der Lohnentwicklung (dies wird durch den Ausbau der kapitalgedeckten Vorsorge ausgeglichen).

- *Zügiger Ausbau der kapitalgedeckten Vorsorge*
  - Verdopplung des geförderten Sparvolumens im Riester-Modell (8 Prozent statt 4 Prozent des Bruttoeinkommens);
  - Aufhebung der teuren und angesichts der Laufzeit unnötigen Mindestrenditeanforderung an Riester-Produkte;

– Abschaffung der Zwischenauszahlungen für Wohnungsbau zur Vereinfachung und Renditesteigerung;
– Riester-Sparen als Pflicht, nicht Option.

Natürlich könnte man noch weiter springen. Privatisierung, risikoäquivalente Beiträge – im Vergleich zu manchen Gedankenmodellen und unseren Ansätzen im Gesundheitssystem (siehe Kapitel 6) mag unser Vorschlag fast konservativ erscheinen. Aber unsere Prämisse ist auch politische Umsetzbarkeit. Es geht nicht um eine Radikalreform um der Reform willen – vielmehr zählt die nachhaltige Lösung des Problems mit den größten Realisierungschancen.

Je schneller diese Reformen, insbesondere der Ausbau der Riester-Vorsorge, umgesetzt werden, desto schmerzloser können sie verlaufen. Noch ist die doppelte Last der heute erwerbstätigen Generation – Finanzierung der heutigen Rentner und Ansparung für die eigene Rente – erträglich. Mit jedem Jahr, das ungenutzt verstreicht, verschärft die demographische Entwicklung diese Doppelbelastung.

◆

Neben der Rentenversicherung ist das System der Gesetzlichen Krankenversicherung (GKV) die zweite große Säule der Sozialversicherung. Auch hier ist eine umfassende Reform notwendig – die Lohnnebenkosten können nur dann spürbar gesenkt werden, wenn wir in allen Sozialversicherungssystemen die Kosten senken. Die Probleme der gesetzlichen Krankenversicherung sind denen der Rentenversicherung ähnlich. Die demographische Entwicklung, verbunden mit dem kostentreibenden medizinischen Fortschritt, treibt die Beitragssätze in die Höhe.

Kapitel 6
›Mens sana in corpore sano‹ – gesunde Bürger in einem gesunden Staat

»Mens sana in corpore sano«: ein gesunder Verstand in einem gesunden Körper – so definiert Iuvenal in seinen Satiren den einzig sinnvollen Wunsch an die Götter. Eine simple Bitte mit umfassenden Konsequenzen.

Gleiches gilt für unser Gemeinwesen: »Gesunde Bürger in einem gesunden Staat«. Der Auftrag an die Gestaltung der Gesundheitsversorgung ist vielleicht die komplexeste staatliche Ordnungsaufgabe überhaupt: Die adäquate Absicherung und Versorgung gesundheitlicher Risiken der gesamten Bevölkerung ist bei finanziell und organisatorisch tragbarem Aufwand für Gesellschaft und Staatsordnung sicherzustellen. Von dieser Abwägung zwischen notwendigen Leistungen und Wirtschaftlichkeit hängt eine Industrie mit rund 4 Millionen Beschäftigten – circa 11 Prozent der Gesamtbeschäftigten – und gut 218 Milliarden Euro Volumen im Jahr 2000 – mehr als 10 Prozent des deutschen Bruttoinlandsprodukts[23] – ab. Die effiziente und ökonomisch ausgewogene Finanzierung dieser Kosten beeinflusst die Schaffung von Arbeitsplätzen und Impulsen für die Gesamtwirtschaft – eine entscheidende Weichenstellung für eine wachstumsorientierte, zukunftsfähige Wirtschaftsordnung.

Interessenkonflikte sind hier unvermeidbar. Der Schlüssel liegt in einer Rahmenordnung mit Anreizen und Vorschriften für die Akteure, vernünftige Entscheidungen über die Verwendung der Mittel zu treffen. Unser Gesundheitssystem in seiner heutigen Form leistet dies nicht. Es gefährdet vielmehr die Stabilität der gesamten Wirtschafts- und Sozialordnung.

Diagnose: Lebenserwartung begrenzt

Kaum ein Land der westlichen Welt steckt so viele Mittel in das Gesundheitssystem wie Deutschland. In Prozent des BIP geben wir weltweit die dritthöchste Summe für Gesundheit aus (siehe Abbildung 30), bei den Ausgaben pro Kopf die fünfthöchste. Die Zahl an Ärzten und Krankenhausbetten in Deutschland liegt weit über dem Versorgungsgrad anderer Nationen – tatsächlich »exportieren« wir seit einigen Jahren Mediziner nach Skandinavien und Großbritannien. Bekommen wir also die nahezu beste Gesundheitsversorgung der Welt, ja, sind die Deutschen gesünder als andere Nationen?

Nein. Im internationalen Vergleich werden nicht mehr Leistung und Qualität für die Patienten erzeugt als in anderen Ländern. Wir leben weder länger noch gesünder als andere. Wir zahlen nur mehr.

Ein Deutscher lebt erwartungsgemäß 69,4 Jahre. Das liegt einiges unter dem Durchschnitt der führenden Industrieländer von 70,2 Jahren und deutlich unter der Lebenserwartung eines Schweizers (72,1 Jahre) oder Schweden (71,4 Jahre) (siehe Abbildung 30).

Dabei wendet die Schweiz ähnlich hohe Mittel wie Deutschland auf – nämlich 10,4 Prozent des BIP –, während Schweden nur

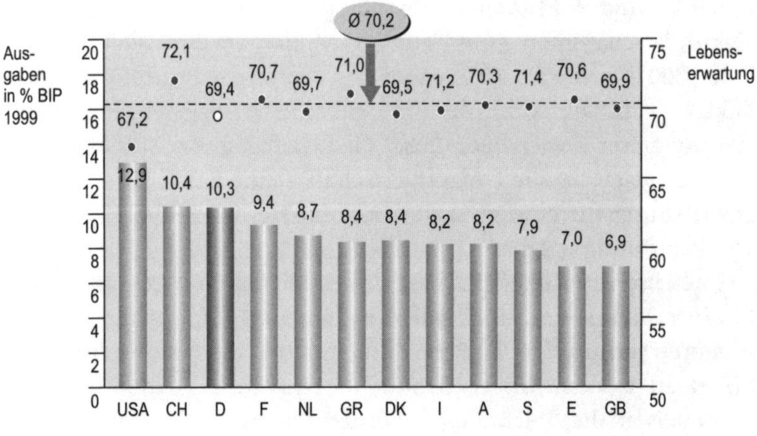

Abbildung 30: Deutsches Gesundheitssystem im internationalen Vergleich

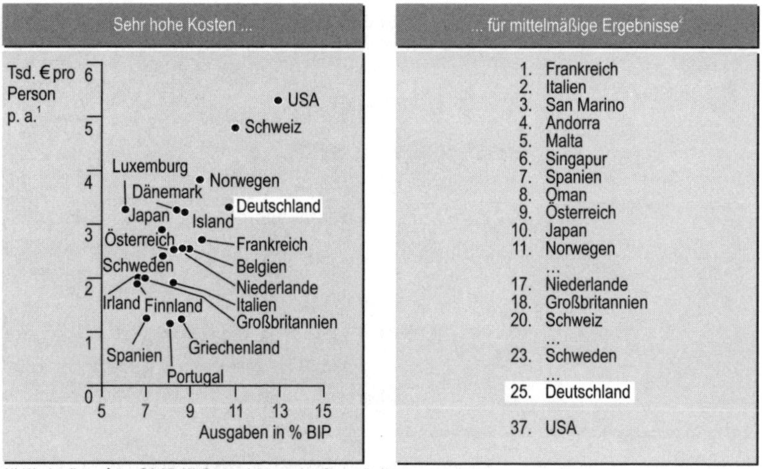

(1) Wechselkurs: $ 1 = € 0,87 (2) Gesamtleistung des Gesundheitswesens
Quellen: OECD Health Data 2001; WHO, The World Health Report 2000; BCG-Analyse

Abbildung 31: Das Produktivitätsproblem

7,9 Prozent des BIP für die Gesundheitsversorgung einsetzt.[24] Der eingesetzte Euro erbringt offensichtlich sehr unterschiedliche Ergebnisse.

Die Lebenserwartungsdaten sind nur ein Symptom für die immer wieder diagnostizierten Leiden im System Gesundheit: Im Ländervergleich der World Health Organisation (WHO) von 2000 nimmt Deutschland unter den 191 untersuchten Ländern einen mittelmäßigen Platz 25 ein (siehe Abbildung 31) – wobei nur die Kriterien »Fairness in Financing« (Platz 6) und »Responsiveness of Health System« (Platz 7) das System vor den deutlich schlechteren Bewertungen für »Good Health« und »Gesamtkosten des Systems« bewahren.

Der Sachverständigenrat für das Gesundheitswesen diagnostiziert Ineffizienzen, Fehl- und Unterversorgung bei gleichzeitiger Überversorgung in anderen Teilbereichen des Gesundheitswesens[25]. Ein Herz- und Kreislaufkranker stirbt in Deutschland eher als in den meisten Industriestaaten. Kliniken fehlt die kritische Masse an Erfahrung für spezielle Indikationen, wie zum Beispiel in der Kinderherzchirurgie (siehe Abbildung 32). Krankenhausaufenthalte sind häufiger und länger als in anderen Ländern. Doppeluntersuchungen, unterausgelastete Operationssäle, unterbrochene

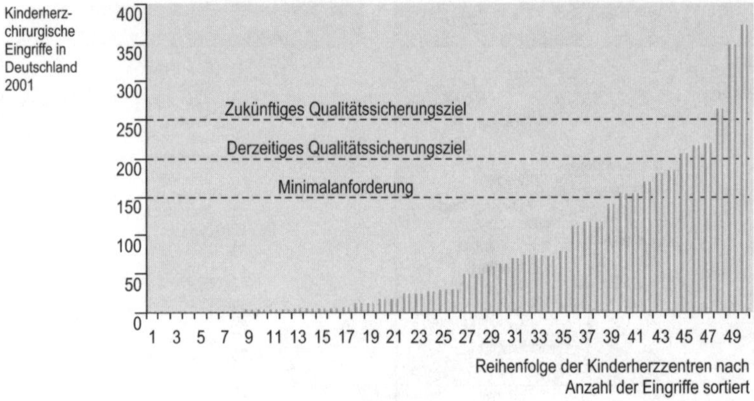

Quellen: Bruckenberger Herzbericht (2001); Kinderherzkliniken Informationsschrift (1997)

Abbildung 32: Beispiel Kinderherzchirurgie – die meisten Anbieter sind zu klein

Behandlungsprozesse und Fehlverschreibungen sind an der Tagesordnung. Kurz: Das deutsche Gesundheitssystem hat ein Produktivitätsproblem.

Keiner zahlt gern mehr für eine Leistung als notwendig. Für ein Unternehmen wäre dieses Benchmarking Anlass genug für ein völliges Überdenken seiner Strategie, Organisation und Abläufe. Eine Gesellschaft, namentlich eine durch demokratische Wahlen gestaltete, mag sich Ineffizienz bis zu einem Grad leisten – um einen schmerzhaften Umbauprozess zu vermeiden, um eine einseitige Optimierung der Kosten zu Lasten der Versorgung auszuschließen und nicht zuletzt, um Wahlen zu gewinnen. Die Bundesrepublik hat sich diesen Luxus lange gegönnt, subventioniert durch hohe Produktivität in der Wirtschaft.

Keine der zahlreichen Gesundheitsreformen der letzten Jahrzehnte adressierte grundsätzliche systemische Veränderungen nach dem Beispiel vieler Nachbarländer. Während die Schweiz die Eigenbeteiligung und die Niederlande Hausarztmodelle einführten, nahmen die Bundesregierungen punktuelle regulative Eingriffe vor. Diese waren weder dafür angelegt noch geeignet, Effizienz und Qualität der Leistungserbringung im gesamten Gesundheitswesen nachhaltig zu steigern. Anstatt die Kostenbasis des Gesundheitssystems zu reduzieren, fiel der Finanzaufwand nach

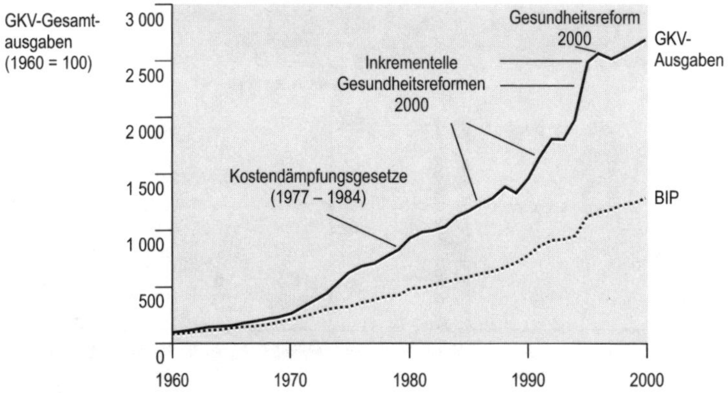

Quelle: BCG-Analyse

Abbildung 33: Deutsches Gesundheitssystem: Kostensteigerungen im Gesundheitswesen seit 1960

einer Phase kurzfristiger Dämpfung jedes Mal umso stärker aus (siehe Abbildung 33).

»Rund 200 Korrekturen haben zu keiner Stabilisierung der Gesundheitskosten geführt. Der durchschnittliche Beitragssatz ist in den letzten 30 Jahren von rund 7 Prozent auf über 14 Prozent gestiegen. Trotzdem sind die Beitragszahler die Dummen: Egal, wie sie sich verhalten, egal, was sie bezahlen, sie haben keine Chance (...).«[26] Man möchte hinzufügen: Und nicht einmal gesund bleiben hilft.

Kostenfaktoren versuchte man durch administrative Maßnahmen wie Einzelbudgets für Arzneimittel oder ambulante und stationäre Behandlung zu kontrollieren. Oft erreichte man das Gegenteil: Bei Deckelung der ambulanten Ausgaben überwiesen die behandelnden Ärzte mehr Patienten ins Krankenhaus – um das Mehrfache teurer als ambulante Behandlungen. Jede Beschränkung führte zu teuren und medizinisch zweifelhaften Ausweichhandlungen.

Die geschätzten Potenziale für Qualitätssteigerungen und Effizienzerhöhungen von circa 20 bis 40 Prozent im Gesamtsystem – illustriert am Therapiebeispiel einer chronischen Nasennebenhöhlenentzündung mit einem Kostenspielraum von 135 Euro bis 735 Euro (siehe Abbildung 34) – bleiben ungenutzt.

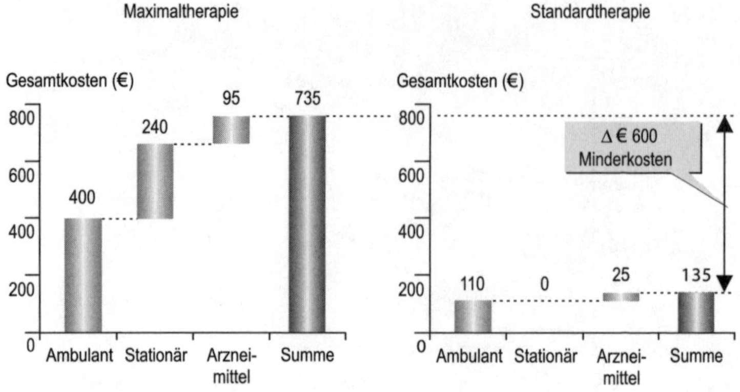

Quelle: BCG-Analyse

Abbildung 34: Nasennebenhöhlenentzündung: Effizienzverluste durch Nichtberücksichtigung von Therapiestandards

Kostentreibende Überkapazitäten widersetzen sich der notwendigen Effizienzsteigerung. So ist die Krankenhausbettendichte in Deutschland seit mehr als 20 Jahren im europäischen Vergleich am höchsten (siehe Abbildung 35). Kommunale Interessenvertreter und lokalpolitische Überlegungen verhindern die medizinisch und

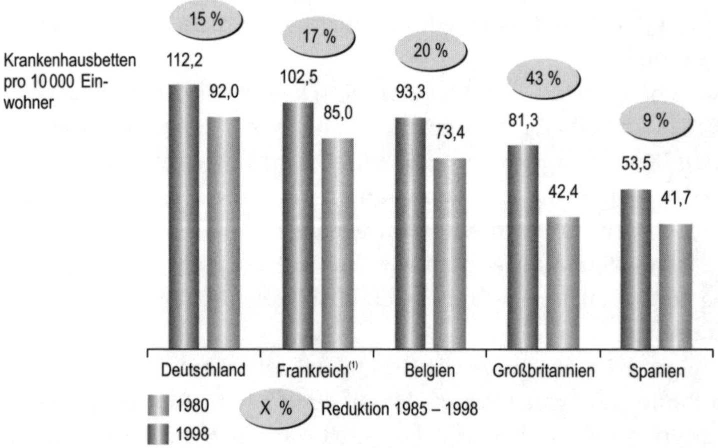

(1) Ausgangsstand 1985

Abbildung 35: Krankenhausbettendichten in Europa

ökonomisch sinnvolle Fusion von Krankenhäusern und haben den Abstand zu reformfähigeren Ländern weiter wachsen lassen.

Die wirtschaftlichen Defizite sind konkret beschreibbar und erheblich – eine gleichwertige Versorgung um oder unter 9 Prozent des BIP statt der jetzt 10,7 Prozent (2001) ist keineswegs abwegig.[27] Aber wiederum schlägt der korporatistische Entscheidungsprozess dem Gemeinwohl ein Schnippchen.

Auch die um die Jahreswende 2002/2003 von Bundestag und Bundesrat beratenen Gesetze zur Beitragsstabilisierung der Gesetzlichen Krankenversicherung (GKV) gehen die Systemgestaltung nicht an. Einmal mehr sind Zwangsrabatte und Budgetierung die Mittel der Wahl – wieder wurde jeder umfassendere Reformansatz einer Kommission der korporierten Interessen einer Weichspülung überantwortet.

Die Reform der gesetzlichen Krankenversicherung wird von Politikern und Öffentlichkeit hauptsächlich als ein Einnahmen-, nicht als ein Ausgabenproblem gesehen. Die aktuelle Debatte produziert eine Vielzahl entsprechender Vorschläge: Die Bemessungsgrundlage für die Beiträge zur GKV sei zu eng, da nur Arbeitseinkommen bis 40 500 Euro (2002) erfasst werden – man könnte die Beitragsbemessungsgrenze auf das Niveau der gesetzlichen Rentenversicherung von 61 200 Euro (2003) oder sogar auf alle Arbeitseinkommen erhöhen. Die Beitragspflicht könnte auf bisher kostenfrei mitversicherte Familienangehörige ausgedehnt, sonstige Einkünfte wie Mieten oder Zinsen in die Beitragsberechnung einbezogen werden. Und könnte man die gesetzliche Krankenversicherungspflicht nicht auf die Gesamtbevölkerung erweitern?

Zweifelsohne würden diese Maßnahmen die Finanzierungslage des Gesundheitssystems verbessern: Die Beitragssätze sinken bei Umsetzung aller Vorschläge um circa 3,5 Beitragssatzpunkte (siehe Abbildung 36).[28] Eine signifikante, wenn auch nur vorübergehende Atempause – und ein Riesenschritt in die falsche Richtung. Vorübergehend, weil der Druck der demographischen Entwicklung den Beitrag bis ins Jahr 2040 immer noch auf untragbare 23 Prozent treibt. Falsch, weil dem Vorteil dieser Absenkung massive wirtschaftliche Nachteile gegenüberstehen.

Eine Sozialversicherungsabgabe auf Kapitalerträge macht Investitionen noch unattraktiver – Kapitalflucht würde weiter angeregt

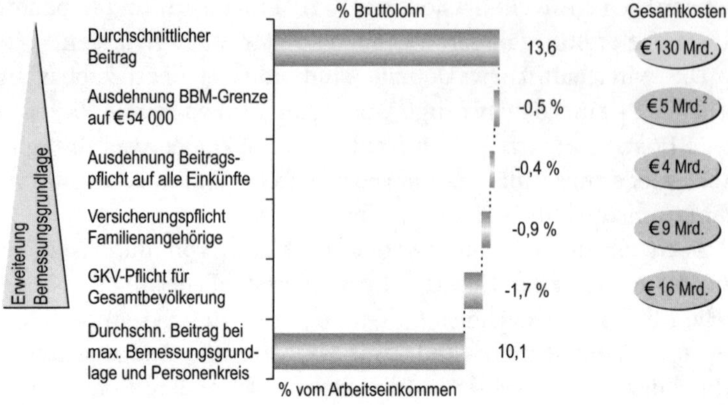

(1) Auf Grund Konsistenz Datenbasis nur Daten 1997 als Basis verwendbar
(2) 1 % Beitragssenkung entspricht 1997 etwa € 9,6 Mrd. Umverteilung
Quellen: DIW; BCG-Analyse

Abbildung 36: Effekte möglicher Ausdehnungen der Beitragsbemessungsgrundlage

werden zu einem Zeitpunkt, zu dem Kapital durch Maßnahmen wie die Abgeltungssteuer gerade wieder zurückgelockt werden soll. Einzelne Aktionen behindern sich gegenseitig – ein klassisches Beispiel unserer Basisanalyse.

Die Ausdehnung der gesetzlichen Krankenversicherungspflicht auf die Gesamtbevölkerung bedeutet den Zusammenbruch der privaten Krankenversicherungen. Neuversicherungen könnten nicht mehr stattfinden. Der Verlust ihrer Rolle bei der Finanzierung medizinischer Innovationen, insbesondere im stationären Bereich, erhöht die Belastung der GKV und gefährdet die medizinische Weiterentwicklung. Der Beitrag zur finanziellen Stabilität des gesamten Gesundheitswesens durch die Kapitaldeckung der privaten Krankenversicherungen entfiele. Kann der Ersatz eines funktionierenden privatwirtschaftlichen und kapitalgedeckten Versicherungssystems durch die umlagefinanzierte gesetzliche Krankenversicherung mit all ihren Problemen wirklich eine sinnvolle Weichenstellung sein?

Die Entlastung durch zusätzliche junge und finanzkräftige Beitragszahler ist zudem ein kurzfristiger Effekt: Mit der Alterung der neuen Mitglieder erhöhen sich auch die von der GKV zu deckenden Kosten – der Beitragssenkungseffekt wird langfristig konterkariert.

Die begrenzten oder sogar kontraproduktiven Wirkungen einer Erweiterung der Beitragsbemessungsrundlage verdeutlichen die Problematik des Gesundheitswesens. Keines der systemischen Probleme wird durch diese Vorschläge gelöst. Sie verhindern keinen Anstieg der Beitragssätze, sie schaffen keine Anreize zur Vorsorge, sichern keine Qualität und erhöhen nicht die Produktivität. Sie verschieben vielmehr die Lösung der Ausgabenproblematik und liefern Politikern, Interessenvertretern und der Bevölkerung einen Aufschub, eine Gnadenfrist vor den unvermeidlichen Systemreformen.

Können wir uns diese Schlupflöcher, die Ressourcenverschwendung und Fehlsteuerung noch leisten? Oder gefährden wir neben der Gesundheit jedes Einzelnen auch die Überlebensfähigkeit unserer Volkswirtschaft?

Defizite, versteckte Schulden, Kostensteigerungen, finanzielle Knappheit, Unterbezahlung und Notgesetze bestimmen die Tagesordnung von Verbänden, Krankenhausleitungen, Krankenkassen und Sozialpolitikern. Ausgabensteigerung wird mit Einnahmenerhöhung beantwortet – statt mit systematischer Kostensenkung. Die Gesundheitsausgaben wachsen seit vier Jahrzehnten wesentlich stärker als das Bruttoinlandsprodukt.

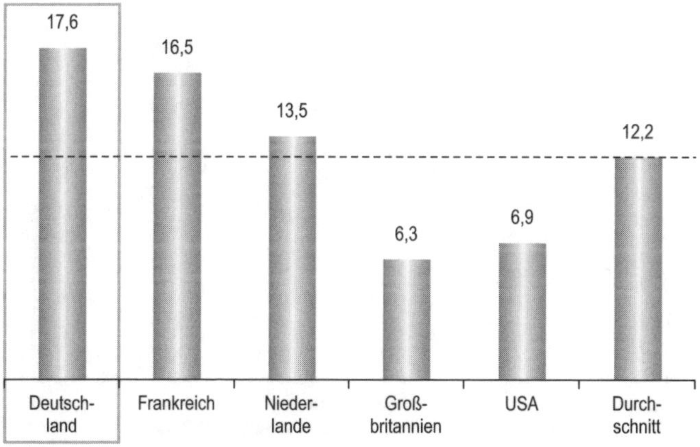

Quellen: IDW Köln; BCG-Analyse

Abbildung 37: Belastung durch Sozialabgaben in Deutschland besonders hoch

Die Beitragsbelastung durch die gesetzliche Krankenversicherung liegt bei über 14,0 Prozent des Nettolohns und verursacht zusammen mit den Renten- und anderen Sozialabgaben eine Abgabenquote von 41 Prozent der Bruttogehälter oder 17,6 Prozent des BIP. Wir liegen damit weit höher als die Länder, mit denen wir um Investitionen und Arbeitsplätze konkurrieren (siehe Abbildung 37). Und die Kostensteigerung im Gesundheitswesen geht unaufhörlich weiter.

Die Überalterung der deutschen Bevölkerung wird die Gesundheitskosten weiter treiben. Ältere Menschen sind in der Gesundheitsversorgung um ein Vielfaches teurer als junge. Viele Leistungen im Gesundheitswesen entziehen sich ihrer Natur nach einer Steigerung der Behandlungsproduktivität. Während in der Industrie durch neue Entwicklungen die Arbeitsproduktivität gesteigert werden kann, ist dies zum Beispiel im gesamten Pflegebereich nicht möglich. Der Gesundheitssektor kann dadurch viele Kostensenkungen nicht mitmachen, die im industriellen Bereich Jahr für Jahr möglich sind. Letztlich steigen die Preise im Gesundheitssektor schneller als in der übrigen Volkswirtschaft.

Bestünde heute die für 2040 erwartete Altersstruktur, lägen die Kosten des Gesundheitssystems bereits heute um mehr als 40 Pro-

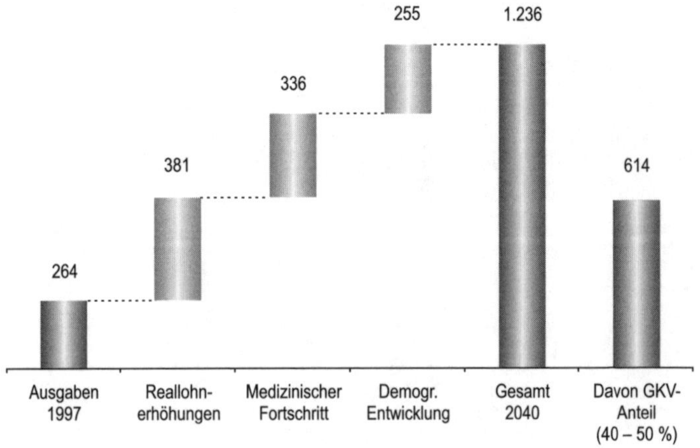

Quelle: BCG-Analyse

Abbildung 38: Kostentreiber im Gesundheitswesen bis 2040 (in Preisen von 1997) zent höher – allein die Kosten der gesetzlichen Krankenkasse stiegen von circa 140 Milliarden Euro auf circa 200 Milliarden Euro. Diese demographisch bedingt höheren Lasten werden auf Grund wachsender Arbeitslosigkeit und frühzeitigem Ruhestand von immer weniger Berufstätigen erwirtschaftet. Rechnet man die zu erwartenden Reallohnerhöhungen und Kosten des medizinischen Fortschritts mit ein, ist eine Erhöhung der Gesundheitsausgaben auf über 1 200 Milliarden Euro bis 2040 durchaus realistisch (siehe Abbildung 38). Bei einem Anteil von 40 bis 60 Prozent GKV und gegebener Bruttolohnsummenentwicklung ist ohne Eingriff des Gesetzgebers ein Anstieg der Beiträge zur gesetzlichen Krankenversicherung von derzeit 14,0 Prozent auf circa 26 Prozent im Jahre 2040 zu erwarten.

Gleichzeitig ist die wissenschaftliche Innovationskraft so hoch wie nie zuvor. 90 Prozent aller Wissenschaftler, die je auf der Erde gelebt haben, sind heute aktiv beruflich tätig. Und kaum ein Feld birgt so gewaltige Potenziale wie die Medizin mit Biotechnologie, Bioinformatics, Pharmacogenetics, Nanotechnologie. Im Gegensatz zu anderen Industrien führt der medizinische Fortschritt meist zu keiner Senkung der Kosten. Neue verbesserte Diagnose- und Therapieverfahren sind in der Regel teurer als die alten Methoden. So ist eine Computer- oder Kernspintomographie um den Faktor 10 teurer als eine herkömmliche Röntgenaufnahme – allerdings auch wesentlich leistungsfähiger.

Steht Deutschland vor einer Entkopplung von dem, was für den Patienten medizinisch machbar ist, und dem Finanzierbaren? Der Gesundheitssektor hinkt in wesentlichen Bereichen der übrigen Unternehmenswirklichkeit hinterher – Managementmethoden, Führungskräftequalifikation, Investitionen, Informationstechnologie.[29] Aber gerade diese Effizienz der erbrachten Leistungen wird für unser mittel- und langfristiges Versorgungsniveau entscheidend sein. Eine Gesundheitsreform muss einen grundsätzlichen Ausbruch aus diesem Dilemma wagen, statt finanzielle Zeitbomben kurzfristig zu entschärfen. Wir müssen das Produktivitätsproblem an den Ursachen angehen.

Anamnese: Kein Markt wie jeder andere

Wie viel ist Ihnen Ihre Gesundheit wert? Schon diese Frage macht den grundsätzlichen Unterschied des Gesundheitsmarkts zu anderen Produkten offensichtlich. Wir können ohne ein neues Auto, ohne den Karibikurlaub oder die Stereoanlage leben. Aber wir können nicht auf notwendige Behandlungen verzichten, ungeachtet der anfallenden Kosten. Ökonomisch gesehen ist die so genannte Preiselastizität der Nachfrage sehr niedrig. Die grundsätzlich anderen Entscheidungsmechanismen und Anreize im Gesundheitssektor erfordern eine komplexe Optimierung, die unser Gesundheitssystem im Moment nicht leistet:

1. Immer währender Mangel wird nicht über Marktmechanismen ausgeglichen

Der Bedarf nach besseren Diagnosen und Behandlungen wird immer größer sein als die zur Verfügung stehenden Gelder – wie bei den meisten Konsumgütern auch. Aber die Abwägung, für welche Leistungen Mittel zur Verfügung stehen, wird im Arzt-Patient-Verhältnis nicht selbstregulierend durch einen Interessenausgleich gelöst. Den Patienten fehlt die Transparenz über Bedarf und Angebot der verhandelten Leistung, es herrscht:

2. Informationsasymmetrie

Die Entscheidung trifft jemand, der von den gesundheitlichen und finanziellen Konsequenzen nicht persönlich betroffen ist. Für Ärzte ist es emotional und finanziell wesentlich einfacher, eine maximale Versorgung anzubieten, als bewusst ökonomische Erwägungen mit einzubeziehen. Ihre Interessen konvergieren damit häufig mit den Wünschen des Patienten, der aus seinen Beiträgen die größtmögliche Leistung »herausholen« möchte.

3. Leistungsmaximierung: Der ›Moral Hazard‹ einer Versicherung

Wird die Entscheidung über die Behandlung ausschließlich Arzt und Patient überlassen, ist die systemische Konsequenz eine Maximierung von Leistung und damit eine Explosion der Kosten. Dieses Problem ist auch in anderen Versicherungsbereichen bekannt. Ob anwaltlicher Rat oder Autoreparatur – das beobachtbare Entscheidungsverhalten von Kunden unterscheidet sich dramatisch je nachdem, ob sie eine Versicherung in Anspruch nehmen können oder nicht. In der Fachsprache bezeichnet man dies als »Moral Hazard«.

4. Gefahr der aversen Selektion

Der Zahler – die Krankenkasse, und damit übertragen die Allgemeinheit – kann in unserem System auf diesen Entscheidungsmechanismus kaum Einfluss nehmen oder Kontrolle ausüben. Einziges Instrument zur Kostenkontrolle wäre eine Risikoauswahl der Versicherten, das heißt die Weigerung, potenziell kranke Menschen überhaupt oder zu begrenzten Kosten zu versichern. Diese so genannte ›averse Selektion‹, die einer privaten Versicherung offen steht, macht eine erschwingliche Gesundheitsversorgung für alle unmöglich. Eine allgemeine Krankenversicherung muss deshalb in der Lage sein, alle Bürger unabhängig von Krankheitsrisiko und finanziellem Leistungsvermögen mit adäquaten Leistungen zu versorgen.

Die Rahmenordnung des deutschen Gesundheitssystems versucht, diese Besonderheiten durch ein relativ rigides Geflecht von Vorgaben und korporativer Verantwortung zu lösen – ist aber in sich unschlüssig. Andreas Poensgen, der Gesundheitsexperte der Boston Consulting Group, diagnostiziert in einem Working Paper[30]: »Weder traut sich der Staat zu, die Verantwortung für ein funktionierendes Gesundheitssystem zu übernehmen und konsequent durchzugreifen, noch überträgt er diese Verantwortung wirklich den Beteiligten im Gesundheitssystem. Staatlicher Dirigismus steht neben der Aufforderung zur Selbstverantwortung. Korporative Systeme zwängen innovative Akteure (...) in eine »Staatsräson des Status quo«. Wirkliche Selbstverantwortung ist nicht möglich. Die tatsächliche Qualität einer medizinischen Leistung und deren Kosten kennen meist weder Patient noch Arzt noch Krankenkasse.«

Die grundsätzlichen Gestaltungsparameter sind auf ihre Effizienz und Zukunftsfähigkeit hin zu hinterfragen:

Leistungsumfang: Der Leistungskatalog der GKV enthält nur geringe Eigenleistungselemente der Versicherten, dafür eine Reihe versicherungsfremder beziehungsweise medizinisch nicht notwendiger Leistungen.

Die GKV wird bis zu einem gewissen Grad als Instrument sozialer Abfederung benutzt, wie zum Beispiel beim Krankengeld. Der Leistungskatalog ist teilweise veraltet – die Zahlung des Sterbegelds ist eine Regelung der Bismarckschen Sozialreformen – und incentiviert Eigenvorsorge und Kostenbewusstsein nur über geringe Zuzahlungen und einzelne Regelungen in der Zahnmedizin.

Kontrahierungszwang: Gesetzliche und private Krankenkassen müssen im Rahmen ihres jeweiligen Leistungskatalogs die Leistungen jedes zugelassenen Arztes und Krankenhauses übernehmen.

Für die Versicherungen besteht keine Möglichkeit der Auswahl, weder nach Qualitäts- noch Effizienzgesichtspunkten – zu beiden Kriterien existieren gegenwärtig auch kaum Daten für die einzelnen Leistungserbringer. Die Auswahl der Behandler erfolgt durch den Patienten, dessen Entscheidungsmechanismen mangels jeglicher Kostentransparenz nicht effizienzorientiert sein können. Spielräume zur Kontrolle der Leistungen und Sanktion schlechter und überteuerter Ärzte und Krankenhäuser gibt es damit kaum.

Mangelnde Datenlage: Daten über die Inanspruchnahme von Leistungen durch Versicherte, Behandlungsergebnisse und Leistungsqualität sowie anfallende Kosten werden nicht ausgewertet beziehungsweise existieren nicht.

Die kollektive Abrechnung ambulantärztlicher Leistungen durch die Kassenärztlichen Vereinigungen (KV) verhindert den Aufbau übergreifender Patientenakten und damit unter anderem auch effektive Missbrauchskontrolle – in einer bayerischen Pilotauswertung wurde im Februar 2003 eine Reihe von Fällen identifiziert, bei denen die individuelle Versichertenkarte offensichtlich von mehreren Personen für Leistungen genutzt wurde. Patienten haben keine Vorstellung von den durch sie verursachten Kosten; Ärzte können auf Grund des Punkteverrechnungsverfahrens[31] die Vergütung der erbrachten Leistungen kaum planen, müssen davon aber einen Betrieb mit Mitarbeitern und Investitionen erhalten. Aussagefähige Informationen über Leistungsspektrum und Qualität medizinischer Anbieter sind – im Gegensatz zu den USA zum Beispiel – für Versicherungen und Patienten kaum verfügbar. Fehlbehandlungen auf Grund mangelnder Datentransparenz, zum Beispiel durch die Verordnung inkompatibler Medikamente oder Unkenntnis von Vorerkrankungen, sind eine reale Gefahr: Verbraucherverbände gehen von 5 000 bis 8 000 Todesfällen pro anno auf Grund falscher Medikamentenverordnungen aus.[32]

Korporatistische Strukturen: Im ambulanten Bereich verantwortet die Kassenärztliche Vereinigung (KV) den Sicherstellungsauftrag der Versorgung, im stationären Bereich die Länder.

Die Kassenärztlichen Vereinigungen stellen quasi planwirtschaftlich das Versorgungsangebot sicher, lassen Ärzte zu und verhandeln die Leistung und Preise mit den Krankenkassen – einschließlich der Prüfung der Wirtschaftlichkeit, der Qualitätssicherung und der Verteilung der Honorare. Verkehrte Welt: Nicht der Kunde, sondern der Lieferant entscheidet, welche Qualität und Kosten sinnvoll sind! Für den Krankenhausbereich stellen die Länder Krankenhauspläne auf; sie sind für die Finanzierung von Neu- und Umbauten verantwortlich. Die Krankenkassen sind verpflichtet, die Betriebskosten zu tragen, müssen also mit den vom Land geplanten Krankenhäusern Verträge schließen, und zwar alle Kassen gemeinsam den gleichen Vertrag. Für die Planungsentscheidungen gibt es kein transparentes oder gar bundesweit einheitliches Verfahren – vielmehr bestimmen Bestandsschutz und lobbyistische Interessen das höchst politische Verfahren. Ineffiziente Strukturen lassen sich so kaum beseitigen; genauso wenig gibt es Raum für neue Formen der Behandlung im Zusammenspiel von ambulantem und stationärem Sektor. Die Sektorentrennung zerreißt optimale Behandlungsprozesse, produziert Doppelbehandlungen und macht die integrierte Planung stationärer und ambulanter Strukturen unmöglich – sie führt letztendlich zum Verlust medizinischer Qualität ebenso wie zum Verschiebebahnhof von Kostenbudgets und Schuldzuweisungen.

Entscheidungsprozesse: Entscheidungen werden nicht durch marktkonforme Verfahren, sondern von Verbänden, Schiedsämtern oder Gesetzgeber getroffen.

Um Leistungen für die GKV zu erbringen, müssen Ärzte zwangsweise Mitglied in den Kassenärztlichen Vereinigungen sein. Zeit und Geld gehen – wieder einmal – durch das Fehlen eines

Spielraums für freie Vereinbarungen auf der Ebene der direkt Betroffenen verloren. Rund 20 Prozent der Budgetverhandlungen zwischen Krankenkassen und Krankenhäusern werden letztendlich von Schiedsstellen entschieden, mit Verzögerungen von bis zu vier Monaten. Genauso wie eine Dachgewerkschaft die Betriebsvereinbarungen zum Arbeitsplatzschutz aussetzen kann, können die Kassenärztlichen Vereinigungen unabhängige Verträge juristisch verhindern. Geschehen ist das zum Beispiel bei der Vereinbarung über die Vergütung einzelner ambulanter Operationen zwischen einer Berliner Betriebskrankenkasse und einer Ärztegruppe.

Finanzierung: Die Finanzierung der GKV erfolgt durch arbeitseinkommensabhängige Sozialversicherungsbeiträge, die je zur Hälfte von Arbeitgeber und Arbeitnehmer getragen werden.

Risikokomponente und Solidarprinzip sind durch weit gehenden Versicherungszwang und einkommensabhängige Beiträge integriert. Die Krankenversicherungsbeiträge belasten ausschließlich den Faktor Arbeit, insbesondere die Anreize zur Arbeitsaufnahme und Schaffung von Arbeitsplätzen. Die Möglichkeit der Privatversicherung oberhalb eines bestimmten Einkommensniveaus, die Existenz der Familienversicherung unabhängig von der Einkommenssituation und verschiedener Sonderstatute wie der Beamtenbeihilfe bergen das Potenzial sozialer Verwerfungen. Aber fast wichtiger: Durch die prozentuale Beitragserhebung wird die sinnvolle Steuerung des Krankenversicherungssystems durch Wettbewerb verhindert. Ohne Differenzierung über Leistungen und Prämien und ohne Selbstbehalt der Versicherten – bei einer lohnbezogenen Beitragserhebung unmöglich – gibt es keinen Wettbewerb um die Präferenzen und Zahlungsbereitschaft der Versicherten, keine sinnvolle Nutzen-Kosten-Abwägung der Versicherten und letztendlich keine Effizienz, weder der Versicherer noch der Leistungserbringer.

Risikostrukturausgleich (RSA): Unterschiedliche Mitgliederstrukturen der gesetzlichen Krankenkassen auf Grund der Einkommensstrukturen und Krankheitskosten werden durch Zahlungen der besser gestellten Kassen an die schlechter finanzierten ausgeglichen.

Im gegenwärtigen Gesundheitssystem ist ein Ausgleichsmechanismus notwendig – da die Zahlungen der Mitglieder ihr jeweiliges

Einkommen und nicht ihren Gesundheitszustand reflektieren, sind einzelne Kassen systematisch unterfinanziert. Die RSA-Methodik wäre dafür im Grunde ein schlüssiges Umverteilungssystem, wenn man die unterschiedlichen Morbiditäten noch stärker berücksichtigen würde. Ihre Umsetzung allerdings stellt die Krankenkassen vor schwere Planungsprobleme: Die Krankenkassenmanagements wissen in diesem System noch lange nach Ende eines Jahres nicht, ob das Geld in diesem Jahr ausgereicht hat. Mit mehr als einem Jahr Verzug sind dann Korrekturzahlungen in Höhe von Hunderten Millionen Euro fällig.[33] Verlässliche finanzielle Planung wird nahezu unmöglich, und sie lohnt sich nicht einmal: Gut gemanagte, effiziente Versicherungen müssen die erwirtschafteten Vorteile an andere abgeben – ihre Leistung zahlt sich nicht aus. Die Konzentration der Manager wird von der Versorgungsstruktur auf den Ausgleichsmechanismus gelenkt; der Hebel des Drehens am RSA über Lobbyarbeit ist größer als der der mühsamen Auseinandersetzung mit Abrechnungen und Vertragsmanagement.

Die Analyse der gesundheitspolitischen Rahmenbedingungen und ihrer widersprüchlichen Anreizwirkungen ist mit diesen Eckpunkten sicher nicht annähernd vollständig. Aber sie liefert uns eine Reihe von Anforderungen für die anreizoptimierte Neuordnung des Gesundheitssystems:

- *Transparenz von Qualität und Kosten,* als Voraussetzung für vernünftige Entscheidungen von Versicherten, Ärzten und Krankenversicherungen;
- *Verbessertes Management des Krankheitsrisikos* durch Selbstbehalte, Bonustarife, Kostenmanagementverantwortung der Krankenkassen und Einbindung der Leistungserbringer (Ärzte, Krankenhäuser, Therapeuten et cetera);
- *Freisetzung von Selbstregulierungskräften über Wettbewerb,* insbesondere die Abwägung von Qualität und Wirtschaftlichkeit durch die Freiheit, Verträge und Vereinbarungen zu gestalten;
- *Anpassung der organisatorischen Rahmenstrukturen* und der Rollendefinition von Staat und Institutionen im Sinne einer marktorientierten Versorgungssicherung;
- *Umstellung der Finanzierung* durch die Trennung von Versicherung und sozialer Umverteilung sowie den teilweisen

Übergang von einem umlagefinanzierten Versicherungssystem zu einem System mit einer Kapitalansparkomponente.

Ein großer Sprung – Widerstand ist vorprogrammiert. Ist eine solch umfassende Reform wirklich nötig? Können wir die Krankenversicherung nicht auch – wie von der Rürup-Kommission gerade vorgeschlagen – durch Leistungskürzungen retten?

Erste Hilfe: Beschränkung auf das Nötige

Welche Optionen, um aus dem Dilemma unseres Gesundheitssystems herauszufinden, bleiben noch? Die Verteilung der finanziellen Last auf mehr Köpfe zur Erzielung von mehr Geldmitteln haben wir ausgeschlossen. Die nötigen Maßnahmen für eine nachhaltige Produktivitätssteigerung und Zukunftssicherung sind mit massiven politischen Durchsetzungskämpfen verbunden. Kann die Einschränkung der von der Krankenversicherung übernommenen Leistungen – in diesen Tagen ebenfalls viel diskutiert, von der Rürup-Kommission bis hin zur Reformrede von Kanzler Schröder – uns die schmerzhaften Anpassungsprozesse ersparen?

Die Reduktion der Versicherungsleistungen ist an zwei Formen möglich: Die Krankenversicherung übernimmt die Kosten für bestimmte Behandlungen gar nicht mehr oder die Kosten für Behandlungen, Medikamente und Ähnliches werden nicht mehr vollständig übernommen. Letzteres wird durch Formen der finanziellen Selbstbeteiligung wie Medikamentenzuzahlungen (in der gesetzlichen Krankenversicherung) oder Selbstbehalt (bei Privatversicherten) erreicht. Während Zuzahlungen in unserem gegenwärtigen System existieren, kann ein effektiver Selbstbehalt nur bei Aufbau eines Versichertenkontos und Freigabe der Versicherungstarife eingeführt werden. Er ist damit Teil einer umfassenderen, im nächsten Abschnitt diskutierten Reform.

Sind all die Dinge, die die gesetzliche Krankenversicherung anbietet und bezahlt, tatsächlich notwendig? Und selbst wenn sie notwendig sind, gehören sie eigentlich in die Krankenversicherung – oder ist die Krankenversicherung, ähnlich wie die Bundesanstalt für Arbeit, als Vehikel für versicherungsfremde Leistungen genutzt worden? Bei der Überprüfung dieser Punkte finden sich einige Ein-

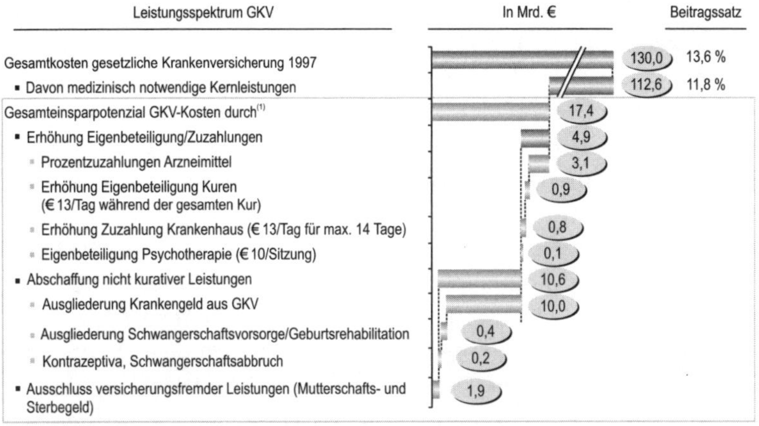

(1) Einsparungen unter Berücksichtigung der sinkenden Nachfrage nach Leistungen auf Grund wachsenden Kostenbewusstseins
Quellen: Wissenschaftliches Institut der AOK; BCG-Analyse

Abbildung 39: Einsparpotenzial bei versicherungsfremden Leistungen in der gesetzlichen Krankenversicherung

sparpotenziale: Eine Reihe von sozial- und gesellschaftspolitischen Maßnahmen – zum Beispiel Mutterschaftsgeld, Sterbegeld, Betriebs- und Haushaltshilfen – gehört nicht in den Regelungskreis der Krankenversicherung. Teilweise handelt es sich dabei um Relikte aus vergangenen Epochen.[34] Teilweise sind sie besser über separate Versicherungen zu lösen. Ihr Ausschluss aus dem Pflichtkatalog der GKV bringt eine kleine, aber trotzdem wünschenswerte Entlastung in Höhe von circa 1,9 bis 2,5 Milliarden Euro[35] (siehe Abbildung 39).

Signifikantes Potenzial bietet eine weitere sozialpolitische Regelung, das Krankengeld – ein Ansatzpunkt, der in der gegenwärtigen Reformdiskussion bereits genannt wird. In der GKV schlägt es mit einem Umfang von rund 10 Milliarden Euro pro Jahr zu Buche.[36] Es wird bei längerer krankheitsbedingter Arbeitsunfähigkeit bezahlt und ist auf den Zeitraum zwischen der 7. und 52. Woche nach Beginn einer Erkrankung beschränkt. Dieses Risiko kann wie eine Erwerbsunfähigkeit relativ leicht privat versichert und für Sozialfälle über das Transfersystem[37] geregelt werden: Eine staatliche Versicherung ist nicht notwendig – und möglicherweise sogar teurer. Zur Vermeidung von persönlichen Notfällen kann, ähnlich der Kfz-Haftpflichtversicherung, jeder Bürger zur

Versicherung und jedes Versicherungsunternehmen zum Vertragsabschluss verpflichtet werden.

Weitere Zuzahlungen zu Gesundheitsleistungen erfüllen gleich zwei Zwecke: Die anfallenden Kosten werden direkt gesenkt und die Versicherten zu kostenbewusstem Verhalten motiviert – selbst wenn es nur durch die simple Frage an den Arzt ist: »Brauche ich das wirklich?« Im Rahmen des gegenwärtigen Systems könnten zum Beispiel Eigenbeteiligungen an Medikamenten, Kuren, Krankenhaus und Psychotherapie erhöht werden. Die Einsparungen daraus haben eine Größenordnung von circa 5 Milliarden Euro.

Die Einschränkung auf medizinisch notwendige Kern- und Zusatzleistungen macht insgesamt eine Beitragssatzsenkung um 1,8 Prozent möglich, kalkuliert auf Basis der letzten verfügbaren Daten von 1997. Entsprechende Reduktionen sind auf der Grundlage der aktuellen politischen Diskussion nicht nur machbar, sondern sogar wahrscheinlich. Den Anfang macht die im November 2002 beschlossene Reduzierung des Sterbegeldes. Übertragen auf die gegenwärtige Beitragsstruktur, erreicht man mit all diesen Vorschlägen eine Senkung der Beiträge von circa 14 Prozent auf 12,2 Prozent – so erfreulich das ist, für eine Belebung des Arbeitsmarktes ist das zu wenig.

Das sprichwörtliche »Den Gürtel enger schnallen« schafft kurzfristig finanziellen Spielraum und sogar moderate Anreize zu gesundheits- und kostenbewusstem Verhalten. Darauf sollten wir keinesfalls verzichten. Wir schlagen vor, sich diese Effekte für die notwendige Reform als Einstieg und Erleichterung des Übergangs zu neuen Strukturen zu Nutze zu machen. Aber ohne den Wandel zu neuen Strukturen können auch Leistungssenkungen – egal welchen Umfangs – das Gesundheitssystem nicht retten.

Der amerikanische Weg: Kostenexplosion trotz Wettbewerb

Sobald man von integrierter Gesundheitsversorgung spricht, kommt der amerikanische Ansatz der »Managed Care« auf den Tisch. Auch im Gesundheitsmarkt, wie in so vielem anderen, ist die Marktfreiheit in den USA am größten – und trotzdem ist das amerikanische Gesundheitssystem bei weitem am teuersten (siehe Abbildung 31). Um dem Ganzen die Krone aufzusetzen, sind die Versorgungsfreiheit und die Fairness des Zugangs zu einer guten Versorgung in den USA deutlich schlechter als in Deutschland und vielen anderen westeuropäischen Ländern.

Weniger Gesundheitsversorgung bei deutlich höheren Kosten: Dieses Killerargument der amerikanischen Realität wird gern gegen die Einführung stärkerer Marktmechanismen im deutschen Gesundheitssystem verwendet. Aber lassen sich die amerikanischen Fehler nicht vermeiden?

Fünf Faktoren treiben die amerikanischen Gesundheitskosten:

- deutlich höhere Arzneimittelpreise;
- erheblich mehr hochmodernes und teures technisches Gerät in Arztpraxen und Krankenhäusern;
- höhere Arztgehälter;
- exorbitant hohe Verwaltungskosten von Arztpraxen, Kliniken und Versicherungen, zum Beispiel 13 – 17 Prozent Verwaltungskosten der Kassen gegenüber circa 5 Prozent (GKV) bis 12 Prozent (PKV) in Deutschland;
- deutlich höherer Anteil chronisch Kranker.

Zu einem gewissen Grad treibt tatsächlich der Wettbewerb die Kosten. Der Aufwand für Marketing und Vertrieb ist nur bei Wahlfreiheit signifikant. Das Management von Leistungen erfordert zusätzliches gut ausgebildetes und damit auch teureres Personal – hier geben die deutschen Krankenkassen strukturell eher zu wenig aus. Bis zu 70 Prozent der Kosten aber stecken in Verwaltungsprozessen – ein Feld, welches in den USA generell unterstandardisiert und unterautomatisiert, bei uns aber auf Grund hoher Personalkosten deutlich weiter entwickelt ist.

Eine versicherungsübergreifende Klassifikation und Erstattung von Medikamenten nach Wirksamkeit, Zweckmäßigkeit und Wirtschaftlichkeit – die so in den USA nicht existiert – kann die Kostenentwicklung von Arzneimitteln unter Kontrolle halten.

Die Investition in teure Geräte ist in Amerika nicht zuletzt durch den Spielraum der Gesetzgebung für Patientenregresse und daraus resultierende Schadensersatzforderungen verursacht. Dieser Effekt ist in unserem Rechtssystem kaum zu erwarten. Der Wettbewerb um Patienten aber kann gerade bei erhöhter Transparenz die Anreize für technische Investitionen deutlich erhöhen – und soll das auch. Der Ausgleich zwischen möglichst moderner medizinischer Versorgung und Kostenbewusstsein kann nicht durch ein staatliches Regulativ erfolgen. Der Konflikt muss im Spannungsfeld zwischen Patientennachfrage, Unternehmertum der Ärzte und Krankenversicherer ausgetragen werden. Dazu ist eine klare Identifikation der Behandlungspfade, das heißt der notwendigen Leistungen und Geräte, nötig – und damit eine durchgängige Orientierung für Patienten und Versicherungen, die in den USA so nicht vorhanden ist.

Therapie: Die sprichwörtliche ›Rosskur‹

Die Anforderungen sind hoch an eine wirkliche Reform des Systems: Anreize für Patienten, Ärzte, Krankenhäuser und Therapeuten sowie Krankenversicherungen müssen so zusammenpassen, dass hohe Qualität effizient erbracht wird. Die Ordnung des Gesundheitssystems erfordert eine in sich schlüssige Logik, ohne Widersprüche und halbe Schritte. Die eine oder andere Kosteneinsparung ist ein erster Schritt; weitere Schritte bestehen in der Verbesserung der Behandlungsqualität, der Übernahme von Verantwortung durch die Versicherten, im Leistungsmanagement von Ärzten, Krankenhäusern und Versicherern und in der Optimierung der Finanzierungsstruktur.

Wir müssen an vier großen Bereichen ansetzen:

1. *Leistungstransparenz und Leistungskontrolle*
2. *Qualität und Wettbewerb*
3. *Verantwortung des Einzelnen*
4. *Entflechtung von Gesundheits- und Sozialpolitik*

1. Thou shall not harm: Vertrauen ist gut, Kontrolle ist besser

Medizinische Qualität und damit die Gesundheit der Versicherten ist oberste Priorität unserer Vorschläge. Kein System darf auf Kosten der Behandlungsqualität saniert werden – vielmehr sollen die Finanzen durch verbesserte Qualität saniert werden!

Generell empfindet die deutsche Bevölkerung die Qualität der Gesundheitsversorgung als durchaus in Ordnung – warum also diese Betonung des Verbesserungsbedarfs? Nun, egal wie gut sie schon sein mag – gesünder ist immer besser. Aber tatsächlich lässt die Betreuung durch Ärzte und Krankenhäuser zu wünschen übrig: Patientenorganisationen gehen von circa 25 000 vermeidbaren Todesfällen pro anno auf Grund fehlerhafter Behandlung aus[38]; die Gesundheitsberichterstattung des Bundes kommt auf rund 40 000 offizielle Vorwürfe von Behandlungsfehlern.[39] Gemäß der vom Sachverständigenrat aktuell erarbeiteten »illustrativen Zahl« – bei allen Vorbehalten hinsichtlich der Methodik – könnte die Größenordung zwischen 31 600 und 83 000 Todesfällen auf Grund von Behandlungsfehlern liegen[40] – eine weit bedeutsamere Todesursache als Brustkrebs, Darmkrebs oder Verkehrsunfälle!

Um die Zahl solcher Fälle – und der weniger tragisch verlaufenden Behandlungsfehler – zu reduzieren, muss für Patienten und Versicherungen transparent sein, wie die wissenschaftlich beste Behandlung aussieht und wer der beste Arzt oder das beste Krankenhaus für diese Behandlung ist.

Dafür sind so genannte *evidenzbasierte Behandlungsleitlinien* erforderlich, das heißt die Auswertung aller internationalen Daten über Behandlungswege und Ergebnisse. Ihre Erstellung geschieht durch Nutzung nationaler und internationaler Netzwerke der evidenzbasierten Medizin (Peer-Reviews); ein unabhängiges Institut des Bundesministeriums für Gesundheit sollte den Prozess initiieren und steuern. Für eine schnelle Einführung kann man beispielsweise auf den in den Niederlanden in den letzten Jahren bereits erarbeiteten Standards aufbauen. Dieses neu zu schaffende Qualitätsinstitut publiziert die Ergebnisse für Fachleute und für Versicherte in verständlicher Form – jeder von uns hat damit die Information darüber, welche Behandlung sich in den meisten Fällen als wirksam erwiesen hat.

Aber was für die Mehrheit gilt, muss nicht unbedingt für den einzelnen Patienten richtig sein. Vorgeschichte, genetische Disposition, Lebensstil, all diese und viele andere Faktoren spielen bei der Heilung eine Rolle. Die Leitlinien haben deswegen nur Empfehlungscharakter, eine Kontrollfunktion sozusagen – der Arzt hat nach wie vor Therapiehoheit, muss seine Entscheidungen aber informierten Patienten und Versicherern gegenüber rechtfertigen.

Und diese können aus ihren Erfahrungen mit Ärzten und Krankenhäusern, aber auch aus den Ergebnissen und der Zufriedenheit anderer Konsequenzen ziehen. Wer kann heute schon sagen, wie gut sein Hausarzt oder das Krankenhaus, in das er überwiesen wird, wirklich ist? Nahezu jedes andere Produkt und jeder andere Service muss sich Tests und Leistungskontrollen stellen. Zu Ärzten oder Krankenhäusern gibt es solche Information kaum; spärlich vorhandene Qualitätsvergleiche – wie zum Beispiel die jährlichen Sonderausgaben der Zeitschrift *Focus* – finden reißenden Absatz.

Für eine wirkliche Qualitätsauswahl ist ein *Katalog von Daten zu Qualität, Kosten und Leistungen* unabdingbar. Diese Informationen, die einer regelmäßigen, unabhängigen Überprüfung unterliegen, müssen von jedem Arzt, jedem Krankenhaus und jedem Therapeuten veröffentlicht werden. Mögliche Kennzahlen gibt es viele – krankheitsspezifische, wie Fallzahlen, Heilungsraten und Komplikationsquoten, organisatorische, wie Fluktuationsraten und Zufriedenheit der Mitarbeiter oder Wartezeiten, und selbstverständlich auch die Befragung von Patienten.[41] Wenn solche Qualitätsmessungen auch nie allumfassend oder eindeutig sein können – mehr Information ist letztendlich immer besser als wenig oder keine. Länder wie die USA, Großbritannien, Schweden oder Dänemark[42] führen entsprechende Vergleiche bereits flächendeckend durch – Erfahrungen, die man nutzen kann.

Wissenschaftlich bester Behandlungsweg und qualitätsgeprüfte Ärzte – um optimal betreut zu werden, müssen jetzt alle Beteiligten enger zusammenarbeiten. Keine zweite, dritte und vierte Röntgenaufnahme, keine Alternativbehandlung, bevor die erste Medikation noch nicht einmal wirken konnte – diese abgestimmte Betreuung zwischen Ärzten, Krankenhäusern und Therapeuten ermöglicht ein medizinischer Kerndatensatz zu jedem Versicherten, die so genannte *elektronische Patientenakte*. Sie gehört dem Patienten, der über ärztliche Einsicht und Weitergabe entscheidet. Verwaltet werden diese Akten weder von Ärzten noch von Versicherern – zum Schutz der Daten übernehmen das unabhängige private Anbieter unter Auflage von Sicherheitsanforderungen für die Versicherer und stellen die Daten online den behandelnden Ärzten zur Verfügung – etwa in Form einer Versichertenkarte.

Die Patientenakte wird mit dem elektronischen Rezept und gegebenenfalls mit den Expertensystemen verzahnt; Abrechnungen werden direkt zwischen Versicherer und Arzt beziehungsweise Krankenhaus geregelt. Sinn hat das natürlich nur, wenn es einheitliche Standards hinsichtlich Daten, Vertragssystematiken, Formaten und technologischen Schnittstellen bei Ärzten und Krankenversicherungen gibt – sonst wird es nur komplexer und unnötig teuer.

2. Physician, heal thyself: Qualität und Wettbewerb

Transparenz ist der entscheidende Katalysator für Wettbewerb zwischen einzelnen Ärzten und Krankenhäusern – nur wenn man die oben beschriebenen Vergleiche hat, kann man als Patient gute Entscheidungen treffen. Information ohne Sanktionsmöglichkeit aber bleibt ein Papiertiger: Wie soll eine Versicherung ihre Patienten zu den besten Ärzten, in die richtigen Krankenhäuser steuern, wenn sie mit allen Verträge schließen muss? Unser neues Gesundheitssystem muss den Versicherern das Recht und die Verantwortung der Auswahl auferlegen.

Das heißt ganz konkret: Der Sicherstellungsauftrag der Versorgung wird den Versicherungen übertragen – sie, und nicht mehr die Kassenärztlichen Vereinigungen, sind dafür verantwortlich, dass jeder die bestmögliche Behandlung erhält. Dazu müssen sie mit den besten Ärzten und den guten Krankenhäusern Verträge verhandeln können – und die schlechten aussortieren. *Die Kontrahierungspflicht wird somit aufgehoben*. Ein Mindeststandard ist selbstverständlich sinnvoll, aber die Versicherungen sind auf dessen Basis in der Gestaltung ihrer Vereinbarungen hinsichtlich Leistung, Leistungsumfang, Servicegrad, Qualität und Preis autonom. Das ermöglicht beispielsweise, dass Ärzte und Krankenhäuser in das *aktive Management von Krankheits- und Kostenrisiken* eingebunden werden (Erfolgsbeteiligung bei Unterschreitung von Standardkosten bei vergleichbaren Patientenkollektiven und dergleichen). Ein wirkungsvoller Hebel: So reduziert sich die Zahl der Röntgenaufnahmen um circa 30 bis 40 Prozent, wenn der behandelnde Arzt die Kosten zu verantworten hat.[43] Ärzte sind dann nicht mehr verantwortlich für die Spritze, die sie geben, sondern für den Gesundheitszustand des Patienten – diese Verschiebung der Verantwortung liefert zum Beispiel in Japan einen verbesserten Gesundheitszustand der Bevölkerung bei niedrigeren Gesundheitsausgaben. Je gesünder – nicht je kranker – ein Patient ist, umso höher das Einkommen der Ärzte! Prävention, Beratung und ganzheitliche Betreuung sind nicht mehr vom Idealismus des Arztes abhängig – sie sind für ihn Erfolgsfaktor und ökonomisch unabdingbar.

Unterstützt werden kann diese Neuausrichtung durch die Nutzung spezialisierter Dienstleister, zum Beispiel zur Kontrolle der Leistungsqualität und zur Betreuung bestimmter Patientengruppen (Diabetiker, Krebskranke, Aidspatienten). Gerade bei chronischen Erkrankungen kann eine solche Expertenorganisation nicht nur besser, sondern auch ökonomischer sein. Transfers persönlicher Versichertendaten bedürfen dabei natürlich immer der Zustimmung des Versicherten!

Im Ergebnis bedeutet das eine *Entmachtung der Kassenärztlichen Vereinigungen*: Wenn Verträge individuell vereinbart werden, wenn Leistungen direkt und transparent abgerechnet werden, hat sich die Ständevertretung des deutschen Gesundheitssystems in ihrer heutigen Form überlebt. Die Entscheidungen werden an die Schnittstellen zwischen Arzt und Patient sowie Arzt und Versicherung verlagert. Es findet eine *Leistungsauswahl des Marktes* statt – keine Auswahl von Kassenärzten durch den Verband. Bestandschutz und Zulassungsbeschränkungen haben keinen Platz mehr, wenn Patienten und Versicherungen »mit den Füßen abstimmen« können. Prinzipiell besteht deswegen *Niederlassungsfreiheit* für Ärzte, wenn sie die qualitativen Voraussetzungen erfüllen.

Durch die freie Vertragsgestaltung *entfallen die Grenzen zwischen den Sektoren der medizinischen Versorgung*: Muss wirklich jede Operation im Krankenhaus erfolgen? Muss ich zur Nachbehandlung in eine Arztpraxis zurück? Tatsächlich eröffnet der medizinische Fortschritt eine Fülle von Alternativ- und Kombinationsansätzen. Ambulante und stationäre Einrichtungen sollen in Zukunft konkurrieren, kooperieren und gemeinsam Angebote entwickeln, um diese Chancen zu nutzen. Aber ohne staatliche Garantien: Das volle unternehmerische Risiko tragen die Anbieter; schließlich wird sich ein gutes Produkt auch lohnen. Investitionen, auch für Krankenhäuser, müssen also durch das eigene Geschäft gedeckt werden – eine signifikante Entlastung von Kommunen und Ländern. Das Potenzial für einen Effizienzschub ist riesig. Deutschland hat nicht nur die zweithöchste Einweisungsrate und Verweildauer in Krankenhäusern, die Pflegesätze in Deutschland weisen zudem Kostenunterschiede von bis zu 48 Prozent auf (siehe Abbildung 40).

Diese Kapazitäten müssen konsolidiert und spezialisiert werden – medizinisch und ökonomisch ein notwendiger, wenn auch nicht schmerzfreier Prozess. Wenn wir die Einweisungsraten und durchschnittlichen Verweildauern der Niederlande, der USA oder Englands hätten, könnten wir die medizinische Versorgung mit 300 bis

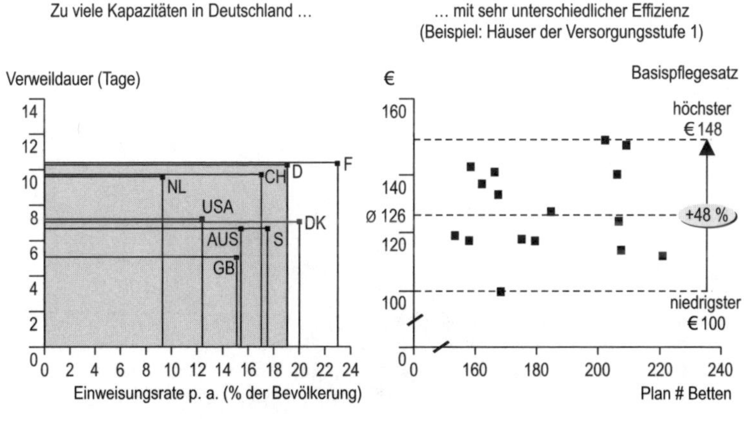

Quellen: OECD; Statistisches Bundesamt; DOH; DKG; Medistat Espicom; BCG-Analyse

Abbildung 40: Effizienzpotenziale im stationären Sektor

500 Krankenhäusern weniger sicherstellen. Auch die Fallpauschalen, die seit einiger Zeit eingeführt werden, sind ein sinnvoller Schritt.

Der Arzneimittelmarkt wird von dem wettbewerbsbedingten Strukturwandel nicht verschont bleiben. Um die Medikamentenkosten – deren stetig steigender Anteil bei mehr als 16 Prozent der Gesamtausgaben liegt – zu senken, ist der »Rasenmäheransatz«, das heißt Abschaffung der Erstattung, Zwangsrabatte oder Ähnliches, sicher wirkungsvoll. Aber ist damit immer noch die beste Behandlung gewährleistet? Oder wird hier, ohne makaber sein zu wollen, zu Tode gespart?

Um die Kosten qualitätsbewusst zu steuern, müssen *Wirksamkeit, Zweckmäßigkeit und Wirtschaftlichkeit der einzelnen Arzneimittel* transparent sein. Fast die Hälfte der zurzeit in Deutschland erhältlichen 50 000 Präparate ist nie auf ihre Wirksamkeit geprüft worden! Tatsächlich lassen sich circa 60 Prozent des gesamten Arzneimittelbedarfs durch günstige Generika[44] decken. Eine solche Klassifikation ist überfällig: Wie bei der Auswahl von Ärzten und Krankenhäusern sollten Krankenversicherungen Arzneimittel differenziert behandeln und Sonderpreise verhandeln können. Alle wirksamen, zweckmäßigen und wirtschaftlichen Produkte werden dabei selbstverständlich abgedeckt; was darüber hinausgeht, hängt davon ab,

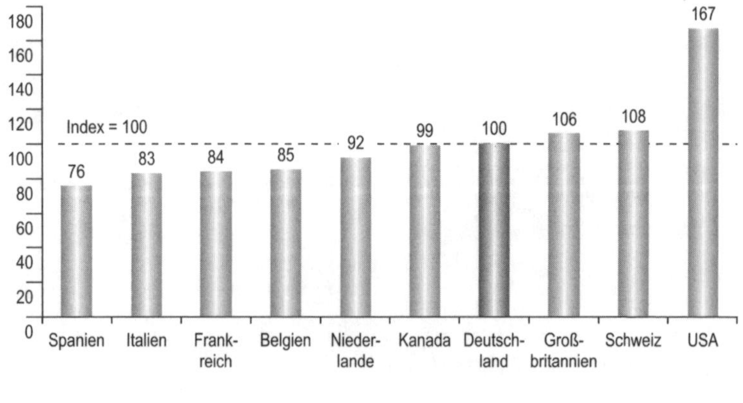

Quellen: PMPRB – Patented Medicine Prices Review Board; SNIP 2001; BCG-Analyse

Abbildung 41: Bis zu 32 Prozent höhere Medikamentenpreise in Deutschland wie sich die Versicherung im Wettbewerb positionieren möchte – und damit von der Entscheidung des Versicherungskunden. Expertensysteme können Ärzte bei Verordnung und Nachhalten einer Medikamententherapie unterstützen. Mit der Freigabe der Preise muss eine Liberalisierung der Vertriebsstruktur einhergehen, die die überdurchschnittlichen Arzneimittelkosten in Deutschland signifikant treibt (siehe Abbildung 41). Zusammenschlüsse, Übernahmen und Kettenbildung im Apothekenbereich müssen genauso ermöglicht werden wie Internetapotheken; das Mehrbesitzverbot ist aufzuheben. Bestandsschutz bringt uns nicht weiter.

Strukturelle Kostensteigerungen durch einseitige Anreize für Ärzte und Krankenhäuser sind in unserem reformierten System abgebaut oder ausbalanciert – es lohnt sich einfach nicht mehr, möglichst viele, teure Untersuchungen zu machen. Für die volle Ausschöpfung der Produktivitätsreserven aber müssen die Versicherten am gleichen Strang ziehen: Ein gesundes Leben, informierte Leistungsnutzung und Kostenbewusstsein sind das Ziel.

3. An apple a day keeps the doctor away: Die Verantwortung des Einzelnen

Wissen ist Macht, heißt es. Leitlinien und Qualitätsdaten liefern dem Patienten die Möglichkeit, auf seinen Behandlungsverlauf Einfluss zu nehmen. Aber wenn er sich bisher ganz gut versorgt gefühlt hat, was hat er davon?

Ohne klare Anreize wird wahrscheinlich nur ein Teil der Patienten von den Möglichkeiten Gebrauch machen – diejenigen, die auch heute schon nachlesen und nachfragen. Aktives Management von Krankheits- und damit verbundenen Kostenrisiken muss sich lohnen; wie auch in der Arbeitsmarkt- oder Steuerpolitik: *Das richtige Verhalten zu Gunsten der Gemeinschaft muss auch dem Einzelnen den größten Nutzen bringen.* Eine signifikante *Eigenbeteiligung* – in der Größenordnung von 250 Euro bis 500 Euro – hat sich in anderen Ländern für Prävention und die Übernahme von mehr Eigenverantwortung als sehr nützlich erwiesen. In der Schweiz zum Beispiel ist Karies unter Kindern und Jugendlichen innerhalb einer Generation um mehr als 90 Prozent zurückgegangen, seit Zahnbehandlung aus eigener Tasche bezahlt wird.[45] Der Selbstbehalt liefert einen Anreiz, sich mit Notwendigkeit und Kosten einer

Behandlung oder eines Medikaments auseinander zu setzen, sich die Zähne zu putzen oder zu Vorsorgeuntersuchungen zu gehen.

Die Einführung eines Selbstbehalts und anderer Anreize wie Boni, Rückerstattungen oder Zuzahlungen erfordert ein individuelles *Versichertenkonto*, wie es auch die privaten Krankenkassen führen. Im Rahmen der elektronischen Patientenakte listet es alle mit der Versicherung abgerechneten Leistungen (Kontoauszug oder Onlinezugriff auf das Versichertenkonto) auf. Missbrauch durch Versicherte und Ärzte wird dadurch leichter identifizierbar; der Patient hat ein Bewusstsein der Kosten und kann seine Leistungsnutzung und damit seine Eigenbeteiligung steuern.

Aber kann er das wirklich oder ist das zu viel erwartet? Die Aufgabe ist sowohl ungewohnt als auch komplex. Andererseits unterscheidet sie sich nicht von der Verantwortung, die Privatpatienten heute bereits haben – es ist also nicht unmöglich. Entscheidender Faktor ist die Unterstützung durch die eigene Versicherung. Deren Interesse deckt sich mit dem des Patienten: die bestmögliche, ökonomisch effiziente Behandlung. Die Versicherung kann in Zukunft ihre Mitglieder beraten, Informationen aufbereiten und Ärzte empfehlen – was heute alles nur in sehr geringem Umfang möglich ist. Wahrscheinlich wird zusätzlich auch ein Angebot an unabhängigen Gesundheitsberatern entstehen, die dem Patienten zur Seite stehen. Und häufig genug sind die entscheidenden Fragen recht einfach zu stellen: »Muss ich mit dieser Erkältung wirklich zum Arzt?« oder: »Wozu ist diese Behandlung eigentlich gut?«

Wenn Patienten Verantwortung übernehmen und Risiken selbst tragen, dann müssen das auch ihre Versicherungsverträge reflektieren. Nur die Öffnung der Tarifstruktur für das Angebot unterschiedlicher Tarife mit unterschiedlichen Leistungsumfängen ermöglicht eine differenzierte Abstimmung auf die Kundenwünsche: Selbstbehalte können höher oder niedriger, alternative Heilmethoden ein- oder ausgeschlossen sein. Nicht-medizinische Leistungen wie Krankengeld oder Haushaltshilfe sind durch Zusatzversicherungen der gesetzlichen oder privaten Krankenversicherer abdeckbar.

Die Kalkulation solcher Versicherungsangebote ist in unserer solidarisch orientierten Tarifstruktur unmöglich. Die Beitragssatzbestimmung nach dem Bruttolohn gibt keinen Spielraum für unterschiedliche Selbstverantwortung, Leistungswünsche oder Anreizmodelle. Die volle Einbindung der Patienten – und wirklicher Wettbewerb zwischen den Versicherungen – kann nur durch risikoäquivalente Prämien und die Trennung von Versicherung und Umverteilung erfolgen.

4. Gesund ist nicht gerecht: Entflechtung von Gesundheits- und Sozialpolitik

Die Verflechtung von sozial- und gesundheitspolitischen Zielen ist im deutschen System ein zentraler Faktor – aber weder zwingend notwendig noch hilfreich. Die heutige Organisation ist eine Folge politischer Entscheidungen, die zumeist die Einigung der betroffenen Interessengruppen über die optimale Systemgestaltung stellten – eine strategische Sackgasse gekennzeichnet durch Intransparenz, Unübersichtlichkeit und mangelnde Steuerbarkeit. Es gelingt den Behörden genauso wenig, sich ein Bild über die in den Gesetzen enthaltenen sozialpolitischen Maßnahmen zu machen[46] wie die systemischen Effekte einer einzelnen Maßnahme zu erkennen oder eine Optimierung der ständigen Zielkonflikte zu erreichen. Eine effektive Gesundheitsversorgung und der Zugang zu dieser sind zwei unterschiedliche Fragen. Sie sind weitgehend unterschiedlich zu steuern – eine Trennung ist erforderlich.

Die Neuordnung ist einfacher, als man zunächst vermuten könnte: Für alle Menschen in Deutschland wird die *nachweisliche Pflicht zur Krankenversicherung* festgelegt – ohnehin sind nur 0,3 Prozent der Bevölkerung nicht krankenversichert. Gesetzliche und private Krankenversicherungen müssen einen *allgemeinen und gleichen Tarif mit Selbstbehalt auf Basis eines evidenzbasierten, laufend überprüften*[47] *Leistungskatalogs* anbieten – eine Rahmenvorgabe der Sozialpolitik an die Gesundheitspolitik: Jeder hat damit Zugang zu einem umfassenden, qualitätsgesicherten Versorgungsangebot. Für diese Versicherung verlangen die Versicherer eine *risikoäquivalente Prämie* – das heißt, der Versicherungsbeitrag entspricht den durchschnittlich anfallenden Kosten der jeweiligen Versichertengruppe, eventuell auch den Kosten spezifischer Untergruppen (Alter, Geschlecht). Zur Vermeidung von Risikoselektion kann niemand auf Grund von Vorerkrankungen, genetischer Disposition oder Ähnlichem ausgeschlossen werden oder höheren Prämien unterliegen.

Die Prämie wird für jede versicherte Person erhoben: wenn sich die Prämien aus den anfallenden Kosten berechnen, ist eine kostenlose Mitversicherung zum Beispiel von Familienangehörigen unmöglich. Die Versicherungen konkurrieren durch – hoffentlich niedrige – Beiträge um neue Kunden. *Weitere Voll- und Zusatztarife* können von den Krankenversicherungen frei gestaltet und angeboten werden, beispielsweise betreffend Naturheilverfahren, Hausarzttarife, Zuzahlungen bei Abweichung von Generika, Boni und anderes mehr. Versicherte haben die freie Wahl zwischen diesen Angeboten und können die *Versicherung jederzeit kündigen.* Bei der Auswahl der Krankenversicherung werden die Patienten durch eine einheitliche Leistungsmessung und Leistungsvergleiche der Versicherungsangebote unterstützt. Auch bei den Versicherungen findet damit im Grunde eine Leistungsauswahl statt: Wer die besten Ärzte und Krankenhäuser verpflichten kann, wer die beste Beratung und die niedrigsten Prämien bietet, kurz, wer am besten managt, zieht die meisten Kunden an. Politischer Lobbyismus und Verteilungskämpfe werden bedeutungslos – es zählt der Dienst am Patienten.

Das gilt auch im Alter. Der Anstieg der Gesundheitskosten bei älteren Versicherten – der ja auch häufig mit niedrigerem Einkommen zusammentrifft – darf nicht in untragbar hohen Prämienzahlungen resultieren. Um das zu verhindern, enthalten alle Versicherungstarife wie in der PKV eine Ansparkomponente; Versicherte transferieren beim Wechsel der Versicherung ihre Ansparung auf den neuen Versicherungsgeber.[48] Nach einer Übergangszeit werden damit die hohen durchschnittlichen Kosten älterer Versicherter durch ein *einheitliches System der Kapitalansparung* abgedeckt.

Und wenn eine Versicherung diese Aufgaben nicht leisten kann? Im reformierten Gesundheitssystem ist im Gegensatz zu heute auch der Konkurs eines Versicherers möglich – der Staat und die Allgemeinheit müssen für Missmanagement nicht mehr geradestehen. Um die Patienten vor den Konsequenzen abzusichern, wird ein gemeinsamer Konkurssicherungsfonds aller Krankenversicherer geschaffen. Im Rahmen ihres Risikomanagements können Versicherungen außerdem Großrisiken über Rückversicherungen oder gemeinsame Risikopools absichern. Die Aufsicht über die Krankenversicherungen führt das Bundesaufsichtsamt für Versicherungen.

Trotz des nahezu reflexhaften Impulses der Interessenvertreter: Keine dieser Maßnahmen ist unsozial. Sie sind vielmehr die nahezu neutrale Lösung eines Versicherungsproblems. Soziale Komponenten wie der Zugang zum Gesundheitssystem und die Vermeidung averser Selektion sind sogar schon berücksichtigt. Unsozial ist diese Versicherung erst dann, wenn die risikoäquivalente Prämie Geringverdiener deutlich mehr kostet als ihr heutiger lohnabhängiger Beitrag. Solche Effekte werden über die Sozialkomponente unseres Systems aufgefangen.

Für den eventuell nötigen Sozialausgleich werden die durchschnittlichen Kosten für den allgemeinen und gleichen Tarif als *Lebenshaltungskosten in der Kalkulation von Unterstützungszahlungen aus dem integrierten Transfersystem* berücksichtigt. Das heißt: Wer sich die Kosten der Krankenversicherung nicht leisten kann, bekommt eine entsprechende staatliche Zuzahlung. Finanzierbar ist das zum Beispiel durch den Wegfall der Bundeszuschüsse zur gesetzlichen Krankenkasse – falls denn tatsächlich Mehrkosten anfallen. Schließlich werden auch jetzt schon die Krankenversicherungsbeiträge von Arbeitslosen und Sozialhilfeempfängern staatlich subventioniert und die Versicherungskosten sollten durch die Effizienzsteigerungen nach den Reformen deutlich sinken. Sollte eine Gegenfinanzierung dennoch unumgänglich sein, kann im Rahmen eines Solidarausgleichs den entlasteten Höherverdienern eine Leistung abverlangt werden. Soziale Ausgewogenheit bleibt gewährleistet.

Der Ausgleich zwischen den Versicherungen sollte sich durch die Öffnung der Tarife langfristig von selbst erledigen: Wenn die Versicherten beliebig zum günstigsten oder besten Tarif wechseln können, gleichen sich die Versichertenstrukturen über die Zeit an – oder die schlechten Versicherungen verschwinden. Für eine Übergangszeit werden deshalb zwischen den Versicherungen im allgemeinen und gleichen Tarif Unterschiede von Standardkosten einzelner Risikogruppen ab einer gewissen Höhe ausgeglichen. Diese Ausgleichszahlungen verringern sich aber jährlich und werden letztlich abgeschafft. Die Komplexität und »Belohnung des

Schlechtesten« im Risikostrukturausgleich verschwinden endgültig.

Es ist also machbar. Der gordische Knoten der systemischen Wechselwirkungen kann sorgfältig entwirrt werden. Ein detaillierter Umsetzungsplan liegt vor (siehe: *Vorschlag für ein Reformprogramm*). Aber was bringen uns Reformen? Mit welchen Argumenten kann der leider absehbare Widerstand von Ärztevereinigungen, Kommunen und Gewerkschaften entkräftet werden?

- Nahezu sofort ermöglicht die Leistungskürzung eine Senkung des Beitragssatzes um 1,8 Prozent auf gut 12 Prozent.
- Auf Basis von Fallanalysen ist durch die Qualitäts- und Produktivitätssteigerung über den Zeitraum von drei bis fünf Jahren ein weiteres Potenzial von circa 25 bis 30 Milliarden Euro an Kosteneinsparungen erreichbar und damit in der »alten Prämienrechnung« eine Beitragssatzreduktion um 3 Prozent.
- Eigenbeteiligungen bei Medikamenten, Kuren und Krankenhausaufenthalten bieten weitere circa 17 Milliarden Euro Einsparpotenziale.

Mittelfristig wird der Aufwand des Gesundheitssystems auf unter 10 Prozent, über den Zeitraum bis zum Jahr 2040 von 26 Prozent der Bruttolohnsumme ohne Veränderungen auf 17 Prozent reduziert. Die Entlastung von Unternehmen, Bürgern und Staat ist unmittelbar wirksam; die Loslösung der Versicherungsprämien von den Bruttolöhnen beendet die direkte Belastung des Faktors Arbeit. Eine bessere Vorlage für die Schaffung von Arbeitsplätzen kann die Sozialpolitik nicht liefern – das beste und letztlich einzige Argument.

Vorschlag für ein Reformprogramm

In Anlehnung an ein Arbeitspapier von Andreas Poensgen von der Boston Consulting Group schlagen wir ein Dreistufenprogramm zur Gesundheitsreform vor:

Stufe I: Sofortprogramm zur Entlastung

- Streichung oder Ausgliederung nicht-medizinischer Leistungen aus dem Leistungskatalog
- Einführung einer Anreiz schaffenden Eigenbeteiligung von 250 bis 500 Euro für die GKV
- Einrichtung von Versichertenkonten durch die Krankenversicherungen
- Möglichkeit, Zusatzversicherungen anzubieten, zum Beispiel für Haushaltshilfen, alternative Heilmethoden, für gesetzliche und private Krankenversicherungen gleichermaßen
- Wettbewerb zwischen den Kassen bleibt zur Senkung der Beiträge unvermindert bestehen

Stufe II: Stärkung von Eigenverantwortung und Selbstregulierungskräften (1 –3 Jahre)

- Schaffung von Transparenz über Qualität der Leistungen:
  - Einführung und Veröffentlichung von evidenzbasierten Behandlungsleitlinien
  - Aufbau einer unterstützenden Institution
- Verpflichtende Publikation von Qualitäts-, Kosten- und Leistungsdaten von Anbietern und Krankenversicherungen
- Elektronische Patientenakte unter neutraler Verwaltung mit Patientenrecht zur Einsicht und Datensteuerung
- Abschaffung des Sicherstellungsauftrags der Kassenärztlichen Vereinigungen und der Landeskrankenhausplanung
- Niederlassungsfreiheit für Ärzte
- Schaffung von Möglichkeiten zur Entwicklung von Leistungsangeboten mit Partnern

- Aufhebung des Kontrahierungszwangs
- Ermöglichung von Tochtergesellschaften und Zusammenschlüssen unter der Aufsicht des Bundesversicherungsamts
- Aufhebung der Preisbindung und des Mehrbesitzverbots und die Zulassung des Versandhandels im Arzneimittelmarkt
- Anpassung des Aufgabenumfangs der gemeinsamen Selbstverwaltung und des Sozialgesetzbuchs V sowie anderer betroffener Gesetze

Stufe III: Änderung der Finanzierungsgrundlage

- Trennung der Versicherungs- und Umverteilungskomponente durch Umstellung auf eine risikoäquivalente Prämie mit Kapitalkomponente und einen separaten staatlichen Zuschuss
- Angebot eines allgemeinen Tarifs mit Selbstbehalt und einheitlichem, evidenzbasiertem Leistungsumfang für jeden durch alle Krankenversicherungen, ohne Risikoauswahl
- Angebot modifizierter und zusätzlicher Tarife durch alle Versicherungen möglich
- Unterstützungsleistung auf Basis des durchschnittlichen Versicherungstarifs und über das integrierte Transfersystem
- Wechselrecht der Versicherten und Übertragbarkeit der Ansparkomponente
- Erweiterung der Möglichkeiten im Risikomanagement; Wegfall des Risikostrukturausgleichs nach einer Übergangszeit

Zur Steuerung richtet das Bundesgesundheitsministerium eine unabhängige Abteilung Controlling ein, die die medizinische Versorgungssituation qualitativ und quantitativ analysiert und finanzielle Szenarien kalkuliert sowie publiziert.

Die Gesundheitspolitik hat das Potenzial, dem deutschen Wirtschaftsaufschwung den entscheidenden Impuls zu liefern. Wenn wir hier scheitern, wird jeder noch so mutigen Transfer- und Steuerreform, jeder Deregulierung des Arbeitsmarkts oder der Stabilisierung des Rentensystems vor dem großen Ziel der Arbeitsschaffung die Luft ausgehen. Wir können es uns nicht leisten zu versagen – können und dürfen der Kollektivvertretung von 300 000 Ärzten oder den Apothekern, den Kommunalpolitikern, Krankenhausverwaltungen und Sozialversicherungsfachangestellten in den Gewerkschaften die wirtschaftliche Zukunft nicht opfern. Die Reform des deutschen Gesundheitssystems ist zum Erfolg verdammt.

◆

Ein interessanter Fakt aus der Gesundheitsempirie illustriert die Zusammenhänge auch zwischen scheinbar völlig separaten Politikfeldern: Je höher der Bildungsstand – und damit meist auch das Einkommensniveau – einer Person, desto gesünder ist sie. Im Kontext der Arbeitsmarktpolitik ist die Bedeutung des Bildungssystems offensichtlich: Unser Lebensstandard und die demographische Entwicklung erfordern höchst qualifizierte Arbeitskräfte. Aber auch zur Entlastung der Sozialsysteme kann die Reform des Bildungssystems langfristig beitragen. Für den dauerhaften Umschwung Deutschlands muss die Bildungspolitik Teil der Gesamtreform sein – nicht erst seit PISA.

Kapitel 7
Versetzung gefährdet – die Misere des Bildungssystems

Das angesammelte Wissen einer Gesellschaft, die Kenntnisse und Fähigkeiten ihrer Bürger sind nicht nur ein hohes Kulturgut, sondern gehören auch zu den wichtigsten Produktionsfaktoren. Dies gilt umso mehr, je weniger Rohstoffe eine Volkswirtschaft besitzt. Bildung ist der wertvollste Rohstoff der Deutschen.

Unser hohes Bildungsniveau war jahrzehntelang ein Garant für den wirtschaftlichen Erfolg. Auf vielen Ebenen zeigten die Deutschen überdurchschnittlich hohe Qualifikationen. In den Naturwissenschaften war Deutschland bis in die frühen dreißiger Jahre des 20. Jahrhunderts führend. Nach dem Zweiten Weltkrieg war der Wiederaufstieg zu einer wichtigen Industrienation nur möglich, weil die deutschen Ingenieure eine weltweite Spitzenposition einnahmen. Unterstützt wurde der Aufschwung durch ein System der beruflichen Bildung, das weltweit Maßstäbe setzte und in viele Länder exportiert wurde.

Leider setzt sich diese Erfolgsgeschichte heute nicht mehr fort. Zwar wird immer wieder von Politikern jeglicher Couleur in Sonntagsreden die entscheidende Rolle des Bildungssystems für die wirtschaftliche Zukunft Deutschlands beschworen. Die Realität zeigt jedoch: Deutschland ist auch im Bildungswesen weit zurückgefallen.

Deutsche Bildung ist Mittelmaß

Das schlechte Abschneiden des deutschen Bildungssystems in der PISA-Studie hat – wenn auch äußerst spät – die Bildungspolitiker aller Parteien aufgeschreckt. Die PISA-Studie zeigt uns ein Bildungssystem, dessen Ergebnisse nur noch im OECD-Durchschnitt liegen und das bei einer genaueren Analyse einige gravierende Schwächen auf allen Bildungsebenen aufweist (siehe Abbildung 42).

Wir haben in den letzten 30 Jahren aus ideologischen Gründen auf eine Bildungselite verzichtet; es ist aber auch nicht gelungen, das durchschnittliche Bildungsniveau anzuheben. Schließlich hinken wir trotz der Bemühungen um Chancengleichheit auch bei den am wenigsten Gebildeten hinter anderen Industrienationen her. Nirgendwo sonst erweist sich der Leistungsunterschied zwischen den am besten und dem am schlechtesten abschneidenden Schülern als so groß wie in Deutschland. Der Anteil der Schüler mit schwachen und schwächsten Leistungen bei Lesekompetenz und mathematischer Grundbildung liegt in Deutschland weit über dem OECD-Durchschnitt.

Aber nicht nur an den Schulen, sondern auch an den Hochschulen ist die heutige Qualität der Ausbildung umstritten. Weltweit sichtbare und für den wirtschaftlichen Fortschritt wichtige wissenschaftliche Spitzenleistungen findet man in Deutschland nur noch

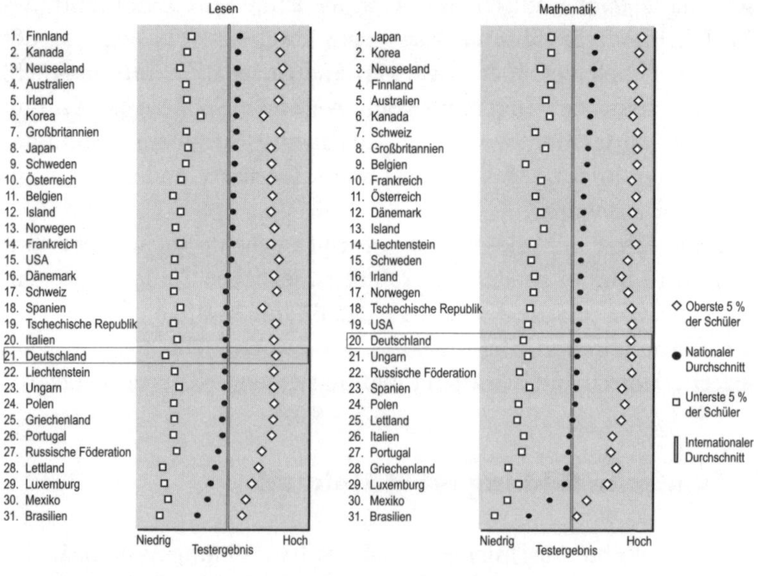

Quellen: PISA-Studie (2000) – Analyse des Leistungsstands 15-jähriger Schüler; BCG-Analyse

Abbildung 42: Deutsche Schüler im internationalen Vergleich selten. Unser Vorsprung in Technik und Naturwissenschaften hat sich verflüchtigt. Im Jahr 2001 wurden in Deutschland 234 Patente pro Million Einwohner registriert, in den USA 292 Patente. Von der Wirtschaft wird die geringe Praxisrelevanz des Wissens der deutschen Hochschulabsolventen beklagt. Im internationalen Vergleich haben wir die längsten Ausbildungszeiten, aber offensichtlich keineswegs die beste Ausbildung. Deutschland rangiert im »Global Competitiveness Report« nur auf Platz 32 hinsichtlich der Verfügbarkeit von Wissenschaftlern und Ingenieuren – hinter Rumänien, Island und Jordanien.

Das deutsche staatliche Hochschulsystem bietet Studienplätze auch nach allen Debatten über Studiengebühren nach wie vor zum Nulltarif an. Hochschulen können sich ihre Studenten immer noch nicht aussuchen – 80 Prozent der Plätze in Numerus-clausus-Fächern werden im Wesentlichen nach dem Wohnsitz und der Wartezeit der Bewerber und nicht nach deren Qualifikation vergeben.[49] Der internationale Bekanntheitsgrad und die Akzeptanz von deutschen Abschlüssen im Ausland bleiben problematisch. Die »Entfesselung der Hochschulen« wird weiter debattiert, aber noch zu wenig umgesetzt.

Dieses qualitativ problematische Hochschulsystem durchlaufen zu wenig Menschen. In Deutschland erwerben lediglich 19 Prozent eines Altersjahrgangs einen Hochschulabschluss. In Großbritannien, Japan oder den USA schafft dagegen mehr als jeder dritte junge Mensch einen Studienabschluss. Deutschland hat zu wenige, zu schlecht und zu teuer ausgebildete Akademiker.

Neben den Problemen im Schul- und Hochschulbereich kämpft auch die ehemals vorbildliche berufliche Ausbildung in Deutschland mittlerweile mit erheblichen Problemen. Sie gilt im internationalen Vergleich als zu stark spezialisiert; die Lehrinhalte verlieren an Relevanz und werden nicht häufig genug aktualisiert. Im hoch qualifizierten Bereich beklagt die Wirtschaft gar Fachkräftemangel.

Die Kultusministerkonferenz selbst räumt ein, dass der beobachtete Abbau von betrieblichen Ausbildungsplätzen auch mit der zunehmenden Praxisferne der Berufsausbildung zusammenhängt. Bei der Neuordnung von Ausbildungsberufen in den letzten Jahren sind die Rahmenlehrpläne zudem mit Ausbildungsinhalten so überfrachtet worden, als müsse die berufliche Qualifizierung mit der beruflichen Erstausbildung komplett abgeschlossen sein.

Ziel muss es dagegen sein, Grund- und Fachqualifikationen in möglichst breit angelegten bundeseinheitlichen Ausbildungsberufen zusammenzuführen und der zunehmenden Spezialisierung entgegenzuwirken. Eine Extremspezialisierung bereitet nicht mehr optimal auf das heutige Berufsleben vor, in dem es auf Flexibilität, Anpassungsfähigkeit an raschen technologischen Wandel und den Erwerb passgenauer Kompetenzen je nach Anforderung ankommt.

Während die spezifischen Probleme der beruflichen Bildung noch überschaubar erscheinen, erfordert eine Qualitätssteigerung auf breiter Front im gesamten Bildungssystem eine neue Philosophie. Das Anreizsystem muss vom Kopf auf die Füße gestellt werden.

Auch Bildung braucht Leistungsanreize

Nun sind deutsche Schüler und Studenten sicher nicht mehr oder minder begabt oder lernwillig als Jugendliche anderer Industrienationen. Woher kommt dann die Dominanz des Mittelmaßes im Land der Dichter und Denker? Welche Wirkung hat das Bildungssystem selbst auf die Chancen, Potenziale und Motivation der Lernenden?

Internationale Vergleichsstudien demonstrieren den entscheidenden Einfluss der Ausgestaltung des Bildungssystems auf die Leistungen der Schüler. Den Forderungen von Lehrerverbänden zum Trotz: Wenn einmal ein bestimmtes Niveau an Pro-Kopf-Ausgaben für Bildung erreicht ist, spielen weitere Ausgaben kaum eine Rolle. Ein zusätzlich investierter Euro oder US-Dollar je Schüler hat keine feststellbare Wirkung auf die Leistung in Tests wie der PISA-Studie oder dem TIMSS-Test (siehe Abbildung 43). Länder wie Tschechien und die USA oder Irland und Österreich erzielen gleiche Leistungen bei an der Kaufkraft justierten extrem unterschiedlichen Kosten je Schüler.

Deutschland gibt genug für Schulbildung aus. Die schwache Leistung Deutschlands im Vergleich zu Tschechien, Irland oder Korea lässt sich – ähnlich wie im Gesundheitssystem – durch systembedingte Schwächen erklären. Wieder sind Handlungsanreize entscheidend: Wenn wir wollen, dass sich Menschen in einer bestimmten Art und Weise verhalten – engagiert lehren und moti-

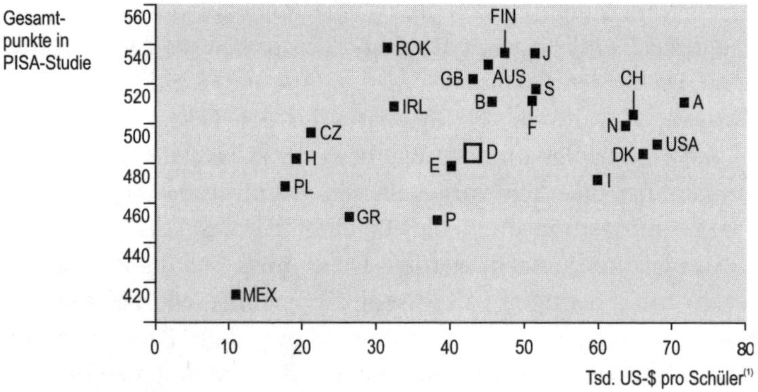

(1) Kumulative Ausgaben, auf Basis Kaufkraftparität
Quellen: PISA-Studie; OECD; BCG-Analyse

Abbildung 43: Zusammenhang zwischen Bildungsniveau und -ausgaben

viert lernen –, müssen wir ihnen dafür einen greifbaren Nutzen bieten. Diese menschlichste aller Logiken wird in unserem Bildungssystem vernachlässigt.

Deutsche Schulen und Universitäten bieten für Lehrende und Lernende kaum Leistungsanreize und Leistungswettbewerb. Die – im Gegensatz zu anderen Ländern – fast durchwegs staatliche Finanzierung deutscher Hochschulen enthebt von der Notwendigkeit, durch effiziente Strukturen und renommierte Abschlüsse um Studenten zu werben. Professoren und Lehrer werden als Beamte unabhängig von ihrer Leistung bezahlt. Es liest sich wie ein Gag aus dem politischen Kabarett: Keiner der für Unterricht und Lehre an den deutschen Schulen und Hochschulen Verantwortlichen muss um sein Gehalt oder gar den Arbeitsplatz fürchten, wenn die Leistung nicht stimmt. Der beste und der schlechteste Lehrer verdienen in Deutschland an einer Schule das Gleiche – vorausgesetzt, sie sind etwa gleich alt.

Da überdies zentrale Prüfungen eine Ausnahme sind (nur die Staatsexamina und Abiturprüfungen in Bayern und Baden-Württemberg werden auf Landesebene zentral gestellt), entzieht sich die Qualität der Lehre der Kontrolle. Es ist in Deutschland üblich, dass die Lehrenden mit selbst gestellten Prüfungen den Lernerfolg der Schüler und damit ihren eigenen Lehrerfolg messen: Aus Misserfolg wird Superleistung! Die durchschnittlichen Abiturnoten geben beredtes Zeugnis. *Deshalb ist eine Erhöhung der Leistungsanreize und die Einführung von Wettbewerbselementen für Lehrende und Lernende wichtigster Bestandteil jeder Reform des Schul- und Hochschulsystems.* Nur durch die Evaluationen der Lehre, des Unterrichts, der Lernerfolge und des Wettbewerbs zwischen Bildungseinrichtungen bei staatlich vorgegebenen Mindeststandards erhöht sich die Leistungsmotivation aller Beteiligten. Es ist wirklich so einfach, es muss nur gemacht werden. Dazu muss sich die Politik einmal mehr mit mächtigen Interessengruppen anlegen, hier mit den Lehrer- und Hochschullehrerverbänden und dem Beamtenbund, aber auch mit der – heute abnehmenden – leistungsfeindlichen Rhetorik der Achtundsechziger.

Zentrale Standards, mehr Autonomie

Unser Konzept für den Schul- und Hochschulbereich kombiniert zentrale Standards zur Überprüfung des Lernerfolgs mit mehr Spielräumen der Bildungseinrichtungen für Eigeninitiative und Wettbewerb. *Höchste Priorität hat die Einführung zentraler Prüfungsstandards auf allen Ebenen des Schul- und Hochschulsystems.* Viele Studien zeigen, dass die höhere Transparenz von Zentralprüfungen, verbunden mit den entsprechenden Leistungsanreizen, deutliche Ergebnisverbesserungen nach sich zieht. Einige Beispiele:

- In der PISA-Studie hat sich das Qualitätsmanagement der Schulsysteme als ein zentraler Erfolgsfaktor herausgestellt. Die PISA-Spitzenländer messen regelmäßig die Qualität von Schulen und die Lernerfolge von Schülern, veröffentlichen die Ergebnisse und sorgen für die gebotenen Verbesserungen bei Schulen mit unterdurchschnittlichen Ergebnissen.
- Eine internationale Vergleichsstudie der Universität Kiel[50] hat gezeigt, dass zentrale Standards in Verbindung mit einer ausgeprägten Schulautonomie zu signifikant besseren Ergebnissen in der TIMSS-Studie – dem Vorgänger der PISA-Studie, bezogen auf Mathematik und Naturwissenschaften – führt. Allein der Erklärungsfaktor Zentralprüfungen verbesserte im Durchschnitt die TIMSS-Ergebnisse der Schüler um 3 Prozent.

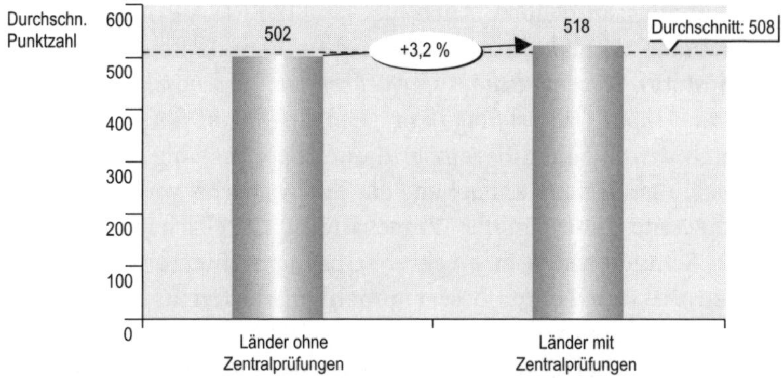

Quellen: Universität Kiel; BCG-Analyse

Abbildung 44: TIMSS-Mathematik-Ergebnisse und Zentralprüfungen

- Ein landesweit einheitliches Test-Programm an Pflichtschulen in Texas in Englisch, Mathematik und Naturwissenschaften, verbunden mit gezielten Weiterbildungsmaßnahmen für Lehrer, deren Schüler unterdurchschnittliche Resultate zeigten, hat den Anteil der Schüler mit positiven Testergebnissen von 53 Prozent (1994) auf 82 Prozent (2001) gesteigert. Auch benachteiligte Bevölkerungsgruppen erreichen jetzt das Mindestbildungsniveau.

Künftig muss also der Output der Bildungseinrichtungen, der Lernerfolg, stärker von außen überprüft werden. Nach dem PISA-Schock sind mittlerweile deutschlandweit einheitliche Bildungsstandards für die Schulen politischer Konsens: Bis Herbst 2003 will die Kultusministerkonferenz die Standards für Gymnasium und Realschule erarbeiten, 2004 folgen die Hauptschulen und die Grundschulen. Solche Standards bleiben jedoch wirkungslos, solange ihre Erreichung nicht von einer neutralen Einrichtung überprüft wird. Eine nationale Instanz muss in regelmäßigen Abständen bundesweite Tests durchführen. Darüber müssen sich die Kultusminister noch einigen. Sonst wird es nichts mit dem Ruck an den Schulen.

Wie die Schulen und Hochschulen sich organisieren, um diese Ergebnisse zu erreichen, sollte dagegen im Wesentlichen ihnen selbst überlassen bleiben. Auch hier sind die PISA-Primi Finnland und Kanada Vorbild: »Autonomie und Rechenschaftspflicht« heißt deren Motto. *Die staatliche Aufsicht über Bildungseinrichtungen muss von der Input-Überprüfung zur Output-Überprüfung übergehen.* Dadurch würde eine differenzierte und leistungsfähige Schul- und Hochschullandschaft entstehen, die die Wünsche von Lernenden und die Anforderungen der Wirtschaft und Gesellschaft am besten erfüllt. Schulen sollen ihre Lehrer selbst auswählen und einstellen können, bessere Lehrer besser entlohnen dürfen und ihre Lehrpläne selbst schreiben können. Eltern, Schüler und Lehrkräfte wählen dann zwischen Schulen und pädagogischen Konzepten. Und es wird allen gleichermaßen ein Anliegen sein, dass die Schulen bei aller Freiheit ihre Schüler gut auf die zentralen Prüfungen vorbereiten.

Beispiel Finnland: Hier gibt es keine telefonbuchdicken Lehrpläne wie in Deutschland, sondern knapp formulierte Lernziele – die Vorgaben für alle Schulformen und alle Fächer zusammen umfassen nicht mehr als 100 Seiten. Die Richtlinien und Lehrpläne für das Fach Sport in der Sekundarstufe II in Nordrhein-Westfalen umfassen dagegen allein schon 146 Seiten. Vor fünf Jahren hat Finnland die klassische Schulaufsicht komplett abgeschafft. Aber jedes Jahr wird eine Zufallsstichprobe von Schulen getestet. Viele

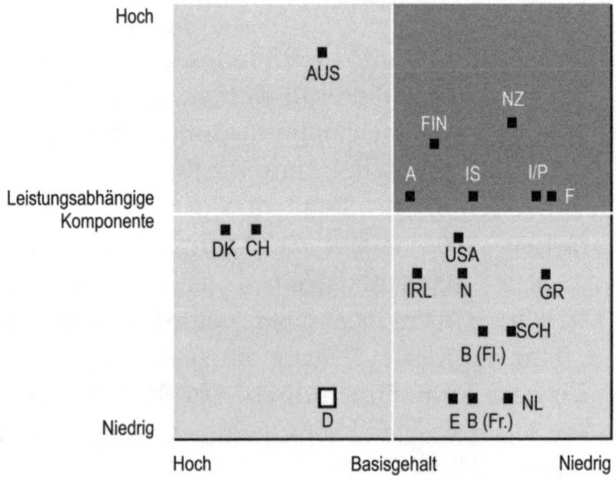

Quelle: OECD

Abbildung 45: Lohnstruktur von Lehrkräften

Schulen, die nicht ausgelost wurden, machen freiwillig mit und zahlen sogar dafür. Schulen, die schlecht abschneiden, werden durch besondere Programme unterstützt.

Auch eine anreizverträgliche, leistungsorientierte Entlohnung von Lehrern gehört zu unserem Reformprogramm für den Bildungsbereich. Abbildung 45 zeigt, dass Deutschland innerhalb der OECD zu den Ländern gehört, die am wenigsten zwischen den Leistungen ihrer Lehrkräfte differenzieren: Deutschland zahlt Lehrern ein hohes Grundgehalt mit geringen Leistungszulagen anstatt umgekehrt. Da darf es nicht wundern, dass wir auch im Lernniveau ganz unten liegen.

Flankierend zu diesen beiden Maßnahmen sollten die gymnasiale Schullaufbahn und das Hochschulstudium verkürzt werden, um die Nachteile deutscher Absolventen im internationalen Wettbewerb aufzuheben. Für den Schulbereich gelingt dies, indem Kinder früher eingeschult werden und indem die Gymnasialzeit auf im Regelfall 8 Jahre verkürzt wird. In drei Bundesländern hat man mit einer 8-jährigen Regelgymnasialzeit durchaus positive Erfahrungen gesammelt: Das Niveau des Schulabschlusses hat nicht gelitten. Derselbe Lehrumfang wird auf weniger Jahre verteilt, indem verstärkt auch Nachmittage für den Unterricht genutzt werden. Als positiver Nebeneffekt könnten die Kosten für die Gymnasialbildung bei gleicher Betreuungsintensität reduziert werden.

Im Hochschulbereich lässt sich die Dauer des Studiums durch Einführung angelsächsischer Studienmodelle und moderater Studiengebühren verkürzen. Zurzeit sind die meisten deutschen Studienabschlüsse in etwa mit einem Master-Abschluss nach angelsächsischem Modell zu vergleichen. Ein Bachelor-Abschluss nach drei Jahren würde jedoch in vielen Fällen sowohl den Interessen der Studenten als auch denen der Wirtschaft besser entsprechen. Die deutschen Hochschulen haben diesen Trend erkannt; mittlerweile gibt es in Deutschland mehr als 1 500 BA- und MA-Studiengänge. Allerdings werden diese Angebote bislang nur zögerlich angenommen.

Zu einem großen Teil liegt das daran, dass Studenten im heutigen System wenige Anreize haben, ihr Studium zu verkürzen oder zu beschleunigen. Aber auch die Hochschulen selbst tragen zur geringen Akzeptanz bei. Nur rund 200 Studiengänge sind zertifiziert; viele stellen nur eine Umbenennung von alten Abschlüssen und Inhalten dar; das Angebot ist ausgesprochen vielfältig und unübersichtlich. Die Hochschulen versuchen, sich durch einmalige, fein nuancierte BA-Angebote zu differenzieren, anstatt den Studenten inhaltliche und handwerkliche Mindeststandards für ein breiteres Tätigkeitsspektrum zu vermitteln. Der Trend zur übermäßigen, frühen Spezialisierung entwertet die neuen Abschlüsse, die sich ihre Akzeptanz bei Personalchefs ohnehin erst erkämpfen müssen. Damit ist niemandem gedient. Der Wettbewerb zwischen den Hochschulen sollte sich auf die Qualität von Lehre und Forschung in einem gegebenen Studiengang beziehen – nicht auf die Kreativität beim Erfinden neuer Studiengänge.

Der wichtigste Anreiz für die Nachfrage nach kürzeren, praxisnahen Studiengängen sind moderate Studiengebühren. Sie bewirken auch, dass Studenten mehr auf am Arbeitsmarkt nachgefragte Fächer und Studieninhalte achten, wenn sie für die Bildung zahlen müssen. Stipendien und staatlich garantierte Studiendarlehen müssen flankierend sicherstellen, dass nach wie vor jeder Studierwillige ein Studium aufnehmen kann, auch wenn er selbst oder seine Eltern die finanziellen Mittel nicht haben.

Wirtschaftspraxis in die Schule: business@school

Was ist eine Aktie? Was sagt eine Bilanz aus? Wie sollte eine Bäckerei die Brotpreise festsetzen? Auch Abiturienten können diese Fragen heute meist nicht beantworten – sie wurden in ihrer Schullaufbahn kaum mit wirtschaftlichen Themen in Berührung gebracht.

business@school, das Schulprojekt der Unternehmensberatung The Boston Consulting Group (BCG), schlägt eine Brücke zwischen Wirtschaft und Schule. Jedes Jahr erwerben mehr als 1 000 Schüler in Deutschland und Österreich im Rahmen dieser Initiative praxisnah Wirtschaftskenntnisse, aber auch Schlüsselqualifikationen. 1998 mit zwei Schulen gestartet, beteiligen sich im Schuljahr 2002/2003 bereits 50 Gymnasien an dem Schülerwettbewerb.

Vor Ort betreut von BCG-Beratern und Mitarbeitern interessierter Unternehmen wie BMW, Siemens oder der Lufthansa, analysieren Schüler der Klassen 11 bis 13 zusammen mit ihren Lehrern zunächst Konzerne sowie lokale Wirtschaftsunternehmen und entwickeln anschließend im Team eine eigene Geschäftsidee. So erhalten die Teilnehmer einen Einblick in die Anforderungen des Wirtschaftslebens; sie lernen engagiertes Arbeiten im Team kennen, eignen sich unternehmerisches Denken an und entwickeln den Mut zu unternehmerischer Selbstständigkeit. Bei Regionalentscheiden und einer Bundesabschlussveranstaltung mit prominent besetzter Jury werden die besten Ideen ausgezeichnet.

Neben der Vermittlung von Fakten- und Methodenwissen ermöglicht der Wettbewerb den Jugendlichen auch Berufsorientierung und vermittelt Qualifikationen wie Teamarbeit, Präsentations- und Recherchetechniken. Lehrer und Schüler erleben neue Formen des Lernens und des Unterrichts. Die Gymnasien können wichtige Kontakte zu lokalen Unternehmen knüpfen.

Bundespräsident Johannes Rau hat BCG für diese Initiative im Dezember 2002 mit dem Preis »Freiheit und Verantwortung« der deutschen Wirtschaft ausgezeichnet. Der beste Erfolgsmesser ist jedoch das Engagement der Schüler und Lehrer. Die Zahl der interessierten Schulen steigt von Jahr zu Jahr. Für uns ist das der beste Beweis, dass Schüler lernen wollen, dass sie sogar bereit sind, Freizeit zu opfern – oder besser, zu investieren, vorausgesetzt, der Unterricht ist interessant und lebensnah.

Die beschriebenen Maßnahmen haben den großen Vorteil, dass sie keine Kosten verursachen. Das Bildungssystem muss reorganisiert werden, Ressourcen sind umzuschichten – beispielsweise innerhalb der Schulaufsicht von der Input- zur Output-Kontrolle. Die PISA-Studie hat gezeigt, dass Staaten wie Finnland, Australien und Großbritannien mit vergleichbaren Ausgaben je Schüler bessere Lernerfolge als Deutschland erzielen. Von diesen Staaten müssen wir lernen. Es ist jedoch nicht nötig, dem Bildungssystem insgesamt mehr öffentliche Mittel zuzuteilen. Geld geben wir genug aus – es muss nur vernünftig ausgegeben werden. Voraussetzung ist aber wiederum: Kampf den Besitzstandswahrern!

Länger lernen

Deutschland ist vom Ideal des »Lebenslangen Lernens« noch weit entfernt. Die berufliche Bildung in Deutschland endet in den meisten Fällen mit Abschluss der Lehre, während etwa Arbeitgeber in den USA und in Großbritannien ihre Mitarbeiter durch gezielte Fortbildungsmaßnahmen lebenslang fördern. Nach einer Studie der OECD nehmen in Deutschland 20 Prozent der Beschäftigten an beruflicher Weiterbildung teil. Damit liegt Deutschland am unteren Ende des Länderspektrums, das von Großbritannien und Schweden mit Teilnahmequoten von über 50 Prozent angeführt wird.

In besonderem Maße gilt dies für ältere Arbeitnehmer. Abbildung 46 zeigt, dass Deutschland sich den fragwürdigen Luxus leistet, in Menschen über 55 kaum noch zu investieren. Ein Ausbau der betrieblichen Fortbildung ist unabdingbar, um diese Entwick-

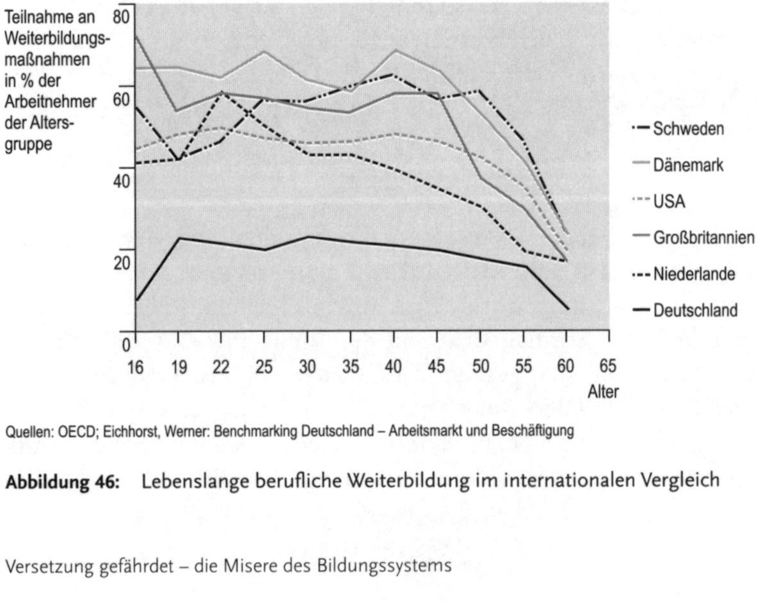

Quellen: OECD; Eichhorst, Werner: Benchmarking Deutschland – Arbeitsmarkt und Beschäftigung

Abbildung 46: Lebenslange berufliche Weiterbildung im internationalen Vergleich lung umzukehren und das Qualifikationsniveau der Arbeitnehmer – auch der älteren – immer auf dem neuesten Stand zu halten.

In Deutschland gibt es also ein Problem mit der Quantität der beruflichen Fort- und Weiterbildung. Aber auch bei der Qualität bestehen Fragezeichen. Wirtschaft und Arbeitsverwaltung geben jährlich rund 35 Milliarden Euro für Fort- und Weiterbildung aus; nach unserer Erfahrung gibt es jedoch viel zu selten eine stringente Erfolgskontrolle anhand vorher bestimmter Ziele der Fortbildungsmaßnahme.

Lebenslanges Lernen ist substanziell zu fördern. Dies hat einen weiteren Vorteil. Es kann die Probleme infolge der demographischen Entwicklung abmildern. Bisher wurden neue Ideen vor allem durch junge Arbeitnehmer in die Unternehmen hineingetragen. Die Überalterung der Bevölkerung wird jedoch ab 2015 dafür sorgen, dass das Durchschnittsalter der Arbeitnehmer rapide ansteigt. Der Fluss an Innovationen – zentral für Mittelstand wie für Großunternehmen – droht zu versiegen. Laufende berufliche Weiterbildung kann und muss dafür sorgen, dass das Innovationspotenzial der Arbeitnehmer im Laufe ihres Lebens nicht abnimmt. Daher ist fortwährendes berufliches Lernen nicht nur wichtig für den einzelnen Arbeitnehmer und dessen Arbeitgeber, sondern für die gesamte Volkswirtschaft.

◆

Alle bisher diskutierten Anreize für Wachstum und Beschäftigung beziehen sich auf Veränderungen, deren Umsetzung nicht immer einfach ist und die zum Teil erst längerfristig wirken. Eine relativ einfache Maßnahme – für viele längerfristige Maßnahmen allerdings auch Voraussetzung – ist der Abbau bürokratischer Hürden und die Gängelung des Bürgers in allen Bereichen.

Kapitel 8
Der Krake Staat – Überregulierung und Subventionen

Staat ist notwendig. Er setzt Regeln und überwacht ihre Einhaltung, damit Wirtschaft und Gesellschaft in einem 80-Millionen-Volk mit hoch entwickelter Volkswirtschaft funktionieren. Nie darf die Bürokratie aber zum Selbstzweck werden und sich selbst zum höchsten zu schützenden Gut erheben! In engen Grenzen ist es sinnvoll, dass der Staat sich auch selbst wirtschaftlich betätigt, um Güter und Dienstleistungen bereitzustellen, die anders nicht zu Stande kämen. Er darf jedoch nicht privatwirtschaftliche Unternehmen verdrängen, die dies genauso gut oder besser könnten. Es kann auch sinnvoll sein, die Wirtschaft mit staatlichen Geldern zu beeinflussen, um die Verbreitung neuer Technologien zu fördern und im Standortwettbewerb zu bestehen. Der Staat darf jedoch nicht über Jahrzehnte hinweg alte Industrien am Leben halten, die ohne staatliche Mittel nicht überleben könnten.

Der Grat zwischen dem Staat als Vormund und dem Nachtwächterstaat ist schmal und jede Nation definiert sich die gewünschte Staatsrolle anders. Aber in Deutschland sehen wir in vielen Gebieten eindeutig zu viel Staat. Wir sind bei der Gratwanderung abgerutscht.

Abbau von Bürokratie

Deutschland ist überreguliert. Nach einer Zählung des *Rheinischen Merkurs* müssen deutsche Unternehmen 2 147 Gesetze mit knapp 47 000 Einzelvorschriften sowie 3 131 Rechtsverordnungen mit mehr als 39 000 Einzelvorschriften beachten. In Deutschland ist der Krümmungsradius von zum Verzehr zugelassenen Bananen ebenso vorgeschrieben wie die Temperatur in Betriebstoiletten.

Zusammen mit umständlichen Ausführungsverordnungen und schwerfälligen Verwaltungsverfahren führt dieser Regelungswust zu einem substanziellen Standortnachteil für Deutschland: Die Gründung eines Gewerbebetriebs dauert bei uns zehn bis zwanzig Mal so lange wie in vergleichbaren Ländern (siehe Abbildung 47).

Ähnlich verhält es sich gemäß Global Entrepreneurship Monitor (2001) mit der Eintragung einer Gesellschaft mit beschränkter Haftung: Dieser Prozess dauert sieben Tage in den USA, elf Tage in Großbritannien und neunzig Tage in Deutschland.

Deshalb überrascht es nicht, dass Existenzgründungen in Deutschland im internationalen Vergleich immer noch selten sind. Unsere Selbstständigenquote beträgt 10,3 Prozent; im EU-Durchschnitt liegt sie bei 14,4 Prozent der Erwerbsfähigen.

Es ist hier zu Lande aber nicht nur schwer, einen Betrieb zu gründen, es ist auch schwer, zu wachsen und Arbeitsplätze zu schaffen. Die Gewerbe- und Handwerksordnung ist einer von vielen Hemmschuhen. Heute haben zum Beispiel nur Meister das Recht, Lehrlinge auszubilden. So wird es qualifizierten Unternehmern ohne die formalen Zugangsvoraussetzungen unmöglich, über eine bestimmte Anzahl an Mitarbeitern hinaus zu wachsen.

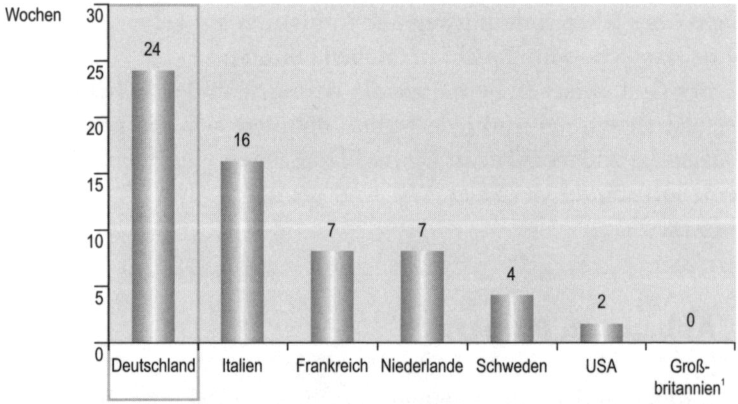

(1) In Großbritannien benötigt die administrative Abwicklung der Unternehmensgründung meist nur ein oder zwei Arbeitstage
Quellen: Bertelsmann Stiftung; Benchmarking Deutschland

Abbildung 47: Durchschnittsdauer für Gründung eines Einzelunternehmens im internationalen Vergleich

Ebenso scheitern viele Einzelhändler daran, dass sie die von den Kommunen geforderten Kraftfahrzeug-Stellplätze nicht nachweisen können.

Was ist zu tun? Wir sehen Handlungsbedarf auf drei Feldern:

1. *Recht:* systematische Überprüfung aller Normen auf ihre Notwendigkeit, Bereinigung des Altbestands, Anwendung neuer Gesetzestechniken;
2. *Verwaltung*: Reduktion von Anzahl, Aufwand und Dauer von Verwaltungsverfahren;
3. *Technik*: vollständige Elektronisierung der Schnittstelle zwischen Unternehmen und Verwaltung für die Verfahren, die sich nach einer Überprüfung als weiterhin notwendig erwiesen haben (E-Government).

1. Recht: Zunächst zur Lichtung des Wildwuchses im Regelbestand. Einzelne Bundesländer haben mit einer kritischen Durchforstung gute Erfahrungen gesammelt; auf Bundesebene will man mit dem »Masterplan Bürokratieabbau« einen ähnlichen Weg einschlagen. Im Saarland wurden seit 1999 auf Empfehlung der dort eingesetzten Kommission 40 Prozent der 3 346 Vorschriften gestrichen. Bayern hat eine Deregulierungskommission eingesetzt, die den Regelungswust nach »Lebenslagen« wie Existenzgründung, Statistik oder Beschäftigung von Mitarbeitern aus Nicht-EU-Staaten durchforstet, und befragt seine Unternehmer nach bürokratischen Hindernissen. Solche Bemühungen müssen intensiviert werden.

Darüber hinaus wäre es sinnvoll, zur Probe eine bestimmte Anzahl unwichtiger gewerberechtlicher Regelungen wegfallen zu lassen. Werden sie in einem zuvor definierten Zeitraum, etwa von fünf Jahren, nicht vermisst, so sollte man sie endgültig abschaffen. Ladenschlussgesetz und große Teile der Arbeitsstättenverordnung und des Arbeitszeitgesetzes wären gute Kandidaten für ein solches Verfahren.

Auch neue Gesetzestechniken wie die in einigen amerikanischen Bundesstaaten bewährte Sonnenuntergangsklausel sollten in Deutschland erprobt werden. Damit wird für jedes neue Gesetz bereits bei der Verabschiedung festgelegt, nach wie vielen Jahren es wieder außer Kraft tritt. Wenn es dann noch gebraucht werden sollte, muss es eben im parlamentarischen Prozess neu beschlossen werden. Die niedersächsische Landesregierung hat sich beispielsweise eine Regelgeltungsdauer von fünf Jahren vorgenommen.

Schließlich gibt es einzelne Bereiche, in denen nicht zu viel, sondern zu wenig genau gesetzlich geregelt ist. Dies betrifft vor allem den Kündigungsschutz. Das deutsche Arbeitsrecht ist in weiten Teilen Richterrecht, das für die Unternehmen immer schwerer kalkulierbar geworden ist. Die Paragraphen, nach denen eine Kündigung rechtens ist, stecken voller Generalklauseln. Der größte Gesetzeskommentar zum Kündigungsschutz umfasst mittlerweile mehr als 3 000 Seiten. Die Gerichte legen beispielsweise die Konsequenzen von minimalen Formfehlern in Kündigungsschreiben äußerst unterschiedlich aus. Daher wäre es sinnvoll, hier zu einfachen, gesetzlich festzuschreibenden Regelungen zu finden, die die Planungssicherheit aller Beteiligten – Arbeitgeber und Arbeitnehmer – erhöhen und die Gerichte von Abfindungspokern entlasten.

2. Verwaltung: Auch für die Verwaltungsverfahren, deren Notwendigkeit einer Überprüfung standhält, gibt es Verbesserungsmöglichkeiten. Sie können vielfach verschlankt und beschleunigt werden. Beispiele: In Deutschland dauert es mehr als sechs Monate, bis alle Genehmigungen für einen gewerblichen Neubau eingeholt sind. Im angelsächsischen Ausland dauert der gleiche Prozess nur sechs Wochen. Und so manches Kleinunternehmen hat angesichts der komplizierten Antragsformulare auf Fördermittel – beispielsweise solche der Kreditanstalt für Wiederaufbau (KfW) – verzichtet, die eigentlich genau für diese Zielgruppe gedacht waren. Wenn die Formulare so gestaltet sind, dass man einen Hausjuristen mit Schwerpunkt Förderrecht für ihre Bearbeitung braucht, muss man sich über geringe Antragszahlen nicht wundern.

Für sämtliche Verfahren ist der Anwendungsbereich zu überprüfen und auf ein sinnvolles Maß zu reduzieren. Warum braucht ein Bäcker, der auf der ihm gehörenden Freifläche vor dem Ladengeschäft drei mobile Tische aufstellen will, dafür eine Baugenehmigung, die erst nach einem Prüfverfahren von mehrmonatiger Dauer ausgesprochen wird?

3. Technik: Die nach diesen Überprüfungen verbleibenden Schnittstellen zwischen Staat und Unternehmen sollten komplett auf elektronische Basis gestellt werden. Dies betrifft die Stellung und Nachverfolgung von Anträgen, die Erfüllung von Meldepflichten, die Mitwirkung an Statistiken und vieles mehr. Allein die Kosten der Unternehmen für die Mitwirkungspflichten für das Statistische Bundesamt werden auf mehrere Milliarden Euro geschätzt. Erste Ansätze zur Nutzung des Internets für diese Meldungen sind umgesetzt. Die Kosten der Unternehmen könnten durch eine weiter gehende Automatisierung und Elektronisierung deutlich gesenkt werden.

Viele Verwaltungen bereiten sich auf solche Anforderungen vor, indem sie zum Beispiel interaktive Angebote in ihren Web-Auftritt aufnehmen oder elektronisches Dokumentenmanagement einführen. Die Gefahr dabei ist, dass unterschiedliche Standards und Formate gewählt werden. Damit ist beispielsweise für Genehmigungsverfahren, an denen mehrere Verwaltungen beteiligt sind, noch nichts gewonnen. Hier ist es wichtig, dass nicht jedes Land und jede Kommune ihr eigenes Süppchen kochen.

Wenn es gelingt, diese Ansätze – Durchforstung des Regelbestands, Verschlankung von Verwaltungsprozessen, Schaffung einer einheitlichen und umfassenden E-Government-Plattform – umzusetzen, könnten bei Staat und Unternehmen hohe Bürokratiekosten gespart werden. Zugleich würden Unternehmer, die – vertrieben vom deutschen Amtsschimmel – ins Ausland abwanderten, wieder nach Deutschland zurückgeholt.

Der Staat als Unternehmer

Der Staat überwacht nicht nur die Wirtschaftsaktivitäten seiner Bürger. Er greift auch selbst ins Wirtschaftsleben ein:

- direkt als Unternehmer;
- über Subventionen an einzelne Unternehmen;
- über Vorschriften, indem er Märkte reguliert und Kartelle verbietet.

Zumindest für die ersten beiden Kategorien gilt: Weniger Staat wäre besser. Öffentliche Unternehmen und Subventionen sind mit hohen Belastungen für die öffentlichen Haushalte und damit auch für die Steuerzahler verbunden. In diesem und dem nächsten Abschnitt werden diese Eingriffsformen näher beleuchtet.

Von Mises' Ölflecktheorem

Bereits Anfang des 20. Jahrhunderts wies der österreichische Ökonom Ludwig von Mises auf die Probleme des Staatsinterventionismus hin (zum Beispiel in seinem Artikel »Interventionismus« im Archiv für Sozialwissenschaft und Sozialpolitik, 1926). Er verglich die Folgen staatlicher Eingriffe mit Ölflecken auf einem mit Wasser gefüllten Gefäß. Findet ein Eingriff des Staates ins Wirtschaftsleben statt, dann zieht er immer weitere nach sich. Dabei passiert das Gleiche wie beim Hinzugeben eines Tropfens Öl in ein Gefäß mit Wasser. Das Öl breitet sich mit rasender Geschwindigkeit aus, sodass bereits nach kurzer Zeit das gesamte Wasser mit ihm bedeckt ist.

Genauso verhält es sich mit Marktwirtschaften. Der Staat greift in Märkte ein, beispielsweise indem er die Löhne nach unten begrenzt. Es kommt zur Arbeitslosigkeit der gering Qualifizierten, die weniger erwirtschaften, als sie kosten und deshalb entlassen werden. Nun führt der Staat Kündigungsschutz ein, um diese Entlassungen zu vermeiden. Dies führt zu Konkursen der betroffenen Unternehmen und die Arbeitslosigkeit steigt weiter. Die notwendigen Transferleistungen an die Arbeitslosen müssen nun durch Steuererhöhungen und staatliche Kreditaufnahme finanziert werden. Dadurch steigen die Zinsen, Investitionen gehen zurück und noch mehr Arbeitslose sind zu versorgen. Schließlich – so von Mises – besteht die Gefahr, dass die Interventionsspirale direkt in eine sozialistische Staatswirtschaft führt und alle marktwirtschaftlichen Freiheiten verloren gehen.

Auch nach den Privatisierungswellen der neunziger Jahre bei Telekom, Deutscher Post und den Treuhandunternehmen betätigt sich die öffentliche Hand in Deutschland noch substanziell als Unternehmer. Dies zeigt sich auch im internationalen Vergleich (siehe Abbildung 48).

Auf welchen Gebieten tritt die öffentliche Hand heute noch als Unternehmer auf? Auf Bundesebene ist das in erster Linie die Deutsche Bahn. Auf der Ebene der Bundesländer und der Kommunen war noch nicht viel von einer Privatisierungswelle zu spüren: Sie betätigen sich wirtschaftlich über Sparkassen, Landesbanken, kommunale Stadtwerke, größere Versorger und Wohnungsbauunternehmen.

Die wichtigste Begründung für wirtschaftliche Betätigung des Staates ist Marktversagen: Bei natürlichen Monopolen (zum Beispiel wenn für eine Branche Netzinfrastruktur, etwa ein Schienennetz, erforderlich ist) würde der freie Wettbewerb zu ineffizienten Strukturen oder letztlich zu privaten Monopolen führen. Dieses Argument wird heute jedoch von der Mehrzahl der Volkswirte nicht mehr gestützt. In den meisten konkreten Fällen betrifft das Netzargument nur einen Teilaspekt der Branche; Staatsunternehmen neigen jedoch dazu, alle Stufen der Wertschöpfungskette abzudecken und damit Wettbewerb zu unterdrücken. Durch Regu-

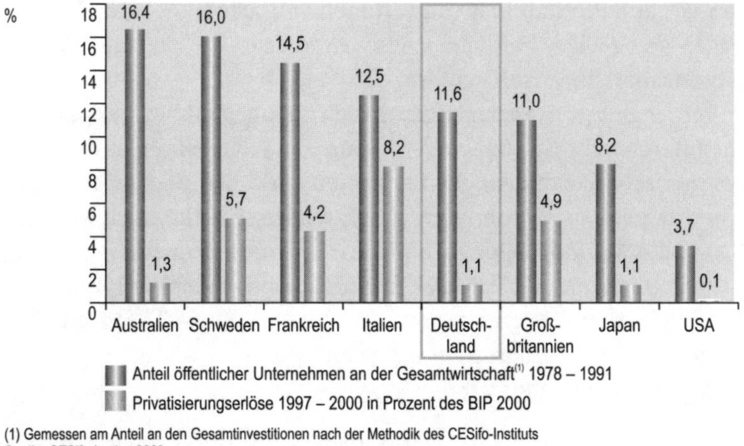

Abbildung 48: Umfang der Privatisierung im internationalen Vergleich

lierung – beispielsweise Marktwettbewerb in Form von kompetitiven Ausschreibungen um zeitlich begrenzte Konzessionen – lassen sich auch bei Netzwerkeffekten effiziente privatwirtschaftliche Strukturen schaffen. Der in Deutschland erfolgreich regulierte Wettbewerb im Telekommunikationsmarkt untermauert diese These (siehe auch *Wettbewerbspolitik: Wo Regulierung nötig ist,* Seite 165 ff).

Noch fragwürdiger ist die Begründung des Versorgungsauftrags des Staates, mit dem vor allem Länder und Kommunen argumentieren. Demnach müsse die Kommune zum Beispiel als Energieversorger oder in der Abfallwirtschaft aktiv werden, um eine flächendeckende, zuverlässige und günstige Versorgung zu garantieren. Diese Sichtweise ist volkswirtschaftlich nicht zu rechtfertigen.

In allen genannten Beispielen verdrängen die staatseigenen Unternehmen mittels indirekt subventionierter Preise oder durch einen privilegierten Netzzugang (wie bei der Deutschen Bahn) ihre privatwirtschaftliche Konkurrenz.

Noch immer gibt es hochdefizitäre Sparkassen und Landesbanken, deren Verluste mit dem Geld des Steuerzahlers ausgeglichen werden müssen. Zugleich nehmen sie der privaten Kreditwirtschaft Geschäfte weg, was wiederum zur Folge hat, dass der deutsche Bankenmarkt weltweit am unteren Rentabilitätsende steht. Der Staat ist erstens ein schlechter Unternehmer, weil er nicht gezwungen ist, auf Profitabilität und Effizienz zu achten.[51] Zum Zweiten tragen seine wirtschaftlichen Aktivitäten dazu bei, die Lage der Privatwirtschaft zu verschlechtern.

Vergangene Privatisierungen haben demgegenüber gezeigt, welche Energien freigesetzt werden, wenn ein Staatsbetrieb in die unternehmerische Unabhängigkeit entlassen wird. Der Verkauf der Deutschen Telekom ist immer noch eine Erfolgsgeschichte, auch wenn auf Grund des Marktumfelds so manche Probleme auftraten. Gleichzeitig ist ein lebhafter Markt für Telekommunikationsdienstleistungen auch im Festnetzbereich entstanden, der der Preisentwicklung aus Verbrauchersicht ausgesprochen gut getan hat.

Wir schlagen daher vor,

- die Deutsche Bahn zu privatisieren und Netzzugang zu gleichen Bedingungen für alle Wettbewerber sicherzustellen;

- die Sparkassen und Landesbanken zu privatisieren, Gewährträgerhaftung sowie Anstaltslast nicht nur formal, sondern auch materiell ersatzlos zu streichen und gleiche Wettbewerbsbedingungen für den gesamten Finanzdienstleistungssektor herzustellen;
- die kommunalen Stadtwerke zu privatisieren und die Liberalisierung, die mit der Aufhebung der Gebietsmonopole begonnen wurde, so zu vollenden.

Ein Masterplan sollte möglichst schnell vorgelegt werden; die Umsetzung wird sicherlich einige Jahre in Anspruch nehmen.

Abbau von Subventionen

Politiker nehmen nicht nur über Staatsbetriebe Einfluss auf das Wirtschaftsleben. Sie pumpen Steuergelder in Form von (direkten) Subventionen in die Privatwirtschaft und auch in öffentliche Unternehmen und sie fördern bestimmte Unternehmen über Steuervergünstigungen (indirekte Subventionen). Dies geschieht zumeist, um Branchen am Leben zu erhalten, die ohne staatliche Eingriffe zumindest im eigenen Land keine wirtschaftliche Bedeutung mehr

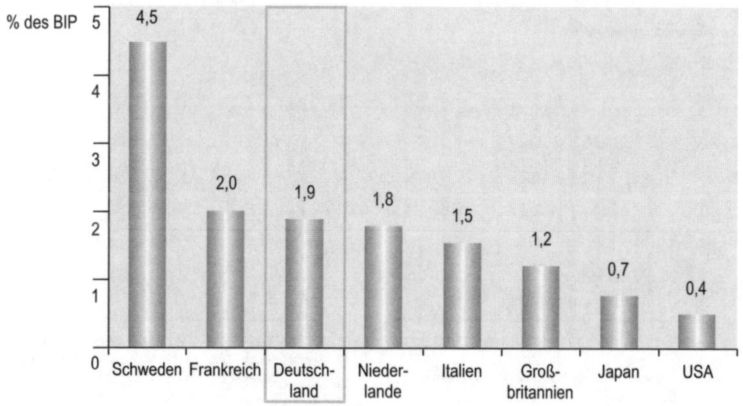

Quelle: World Competitiveness Yearbook 2001

Abbildung 49: Subventionen im internationalen Vergleich

hätten. Deutschland befindet sich hier in zweifelhafter Gesellschaft mehrerer europäischer Staaten (siehe Abbildung 49).

Das Bundesfinanzministerium beziffert den Umfang der Subventionen auf rund 60 Milliarden Euro pro Jahr (siehe Abbildung 50). Dieser Bereich ist bei allen Reformbestrebungen der letzten zehn Jahre weitgehend unangetastet geblieben. In einer weiteren Abgrenzung, also einschließlich beispielsweise der Zuschüsse an Krankenhäuser und Kinderbetreuungseinrichtungen sowie der Eigenheimzulage und der Kultursubventionen, kommt man sogar auf Subventionen von 156 Milliarden Euro im Jahr 2001.[52] Drei Viertel davon werden als Finanzhilfen an die subventionierten Unternehmen und Einrichtungen ausgereicht, ein Viertel kommt durch Steuervergünstigungen zu Stande.

Die Masse der Subventionen fließt in wenige Branchen – dies gilt auch dann, wenn man Kommunen, Länder und die EU in die Betrachtung einbezieht. Die großen Profiteure sind der Agrarsektor, der Kohlebergbau, der Verkehr und die Wohnungswirtschaft. Außerdem vergibt die öffentliche Hand substanzielle Mittel branchenunspezifisch für Regionalförderung (14 Milliarden Euro) und für beschäftigungspolitische Maßnahmen (11 Milliarden Euro).

Für die Branchensubventionen gibt es unterschiedliche Motive: Man möchte eine vermeintliche Abhängigkeit von anderen Län-

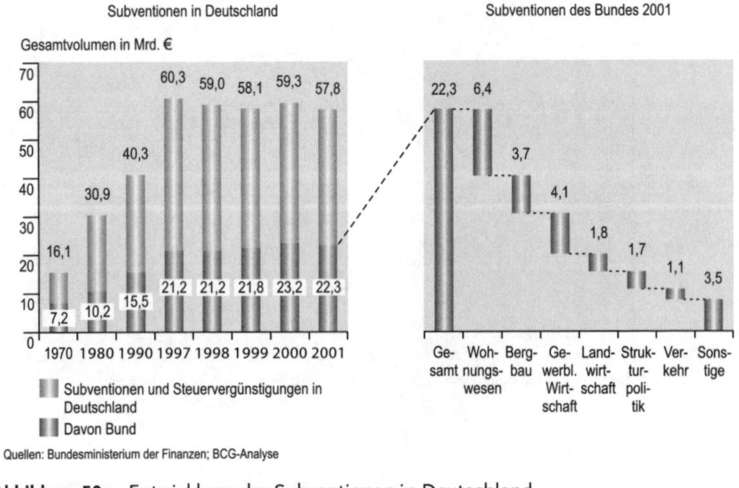

Abbildung 50: Entwicklung der Subventionen in Deutschland

dern vermeiden, die positiven externen Effekte bestimmter Branchen (zum Beispiel die Landschaftspflege der Bauern) honorieren oder den Abbau von Arbeitsplätzen verhindern. In der Summe sind diese ehrenwerten Absichten jedoch zu einem Wust langfristig weitgehend wirkungsloser Ausgaben gewuchert, sodass man heute von einem deutschen Subventionsunwesen sprechen muss. Denn durch Subventionen gelingt es nicht, die internationale Wettbewerbsfähigkeit einer Branche nachhaltig zu steigern – im Gegenteil.

Die Förderung einer Tonne Steinkohle in Deutschland verursacht Kosten von rund 140 Euro. Technisch absolut gleichwertige Importkohle kostet 40 Euro. Die Differenz von 100 Euro wird aus Steuermitteln bereitgestellt. In der Summe kostet dieses Verfahren uns Steuerzahler 3,7 Milliarden Euro. Würde man diese jährliche Fördersumme unter den im Steinkohleabbau tätigen Kumpeln verteilen, erhielte jeder eine Summe von rund 100 000 Euro.

Subventionen ermöglichen es, Produkte herzustellen, die ohne diese Unterstützung nicht zu einem kostendeckenden Preis nachgefragt würden. Dies ist eine Verschwendung volkswirtschaftlicher Ressourcen. Subventionsabbau setzt also Ressourcen frei, die beispielsweise für Steuersenkungen oder für Zukunftsinvestitionen in Bildung und Forschung verwendet werden können.

Neben den Jahr für Jahr ausgezahlten Subventionen gehören auch staatliche Kredite und Bürgschaften in dieses Kapitel; hier tritt der Staat als Kreditgeber auf oder macht es einem auf der Kippe stehenden Unternehmen möglich, weitere privatwirtschaftliche Kredite zu erhalten. Die Erfahrung zeigt, dass solche Eingriffe kaum je nachhaltigen Erfolg haben. Die Liste ist lang: von der Borgward-Pleite Anfang der sechziger Jahre bis zu Holzmann, Cargolifter und Lausitzring, um nur einige zu nennen. Von dem Argument, dass viele Arbeitsplätze auf dem Spiel stünden, lassen sich Politiker immer wieder beeindrucken. Die öffentlichen Bürgschaften verzögern den Konkurs um einige Wochen oder manchmal Jahre, aufhalten können sie ihn kaum. Dann werden die Bürgschaften in Anspruch genommen und der Steuerzahler zahlt. Gesamtwirtschaftlich wäre es – auch im Hinblick auf Arbeitsplätze – sinnvoller, auf solche staatlichen Kriseninterventionen ganz zu verzichten.

Eine deutliche Reduzierung der Subventionen hätte nicht nur den Vorteil hoher Einsparungen für die Staatshaushalte. Zugleich würden durch sie bedingte Verzerrungen in der Privatwirtschaft beseitigt. Als 1999 die Philipp Holzmann AG, einer der größten Baukonzerne in Deutschland, in Schieflage geriet, rettete sie Bundeskanzler Schröder in einer publikumswirksamen Aktion durch Subventionsversprechen von mehreren 100 Millionen Euro. Holzmann konnte dadurch Aufträge zu Preisen annehmen, die unter den eigenen variablen Kosten lagen. Zahlreiche Pleiten vorher gesunder mittelständischer Bauunternehmer, die sich nicht gegen die staatlich subventionierten Preise der Holzmann AG wehren konnten, waren die Folge.

Ein Abbau der Subventionen kann dazu beitragen, dass die deutsche Unternehmensstruktur wieder insgesamt überlebensfähiger, moderner und schlagkräftiger wird, dass also die mit guten Produkten am Markt erfolgreichen Unternehmen überleben und nicht diejenigen, welche die beste Lobbyarbeit betreiben.

Wir schlagen deshalb vor,

- alle Erhaltungssubventionen schrittweise abzubauen und
- öffentliche Bürgschaften für Unternehmen in Krisensituationen vollständig zu unterlassen.

Die Bundesbank hat in ihrem Diskussionsbeitrag »Wege aus der Krise« vorgeschlagen, zum Einstieg in den Subventionsabbau pauschal alle Subventionen kurzfristig um 10 Prozent zu kürzen und jährliche weitere Kürzungsraten festzulegen.[53] Dies stellt aus unserer Sicht einen guten ersten Schritt dar. Das resultierende Einsparpotenzial für die öffentliche Hand würde – in der engen Abgrenzung von Subventionen – circa 6 Milliarden Euro pro anno umfassen. Diese erste Kürzung kann ohne weiteres auf 15 Prozent erhöht werden, sodass sich ein Einsparvolumen von fast 9 Milliarden Euro ergibt. Unsere Gesamtreform wird eine wirtschaftliche Dynamik initiieren, die es den bisher subventionierten Arbeitnehmern erleichtern wird, in anderen Bereichen ohne Subventionen erfolgreich zu sein.

Wettbewerbspolitik: Wo Regulierung nötig ist

Der Staat hat als Rahmen setzende Instanz die Aufgabe, für funktionierenden Wettbewerb zu sorgen. Für die meisten Märkte tut er dies am effektivsten, indem er gar nichts tut. Solange der Marktzutritt – das Entstehen und Heranwachsen neuer Unternehmen – nicht behindert wird, ist ein dynamischer Wettbewerb sichergestellt. In Märkten mit hohen Betriebsgrößeneffekten oder in Netzwerkindustrien kann es jedoch volkswirtschaftlich gerechtfertigt sein, wettbewerbspolitisch einzugreifen und Kartelle zu verhindern sowie Fusionen im Hinblick auf die entstehende Marktmacht kritisch zu überprüfen. Früher hat die öffentliche Hand – auch in anderen Staaten – solche Branchen gern einem Staatsmonopol unterworfen; heute fördert man Wettbewerb privatwirtschaftlicher Unternehmen und lässt eine Regulierungsbehörde überwachen, dass sich niemand ungerechtfertigte Wettbewerbsvorteile verschafft.

Die wettbewerbspolitischen Eingriffe des Staats in die Marktprozesse haben sich in Deutschland durchaus in die richtige Richtung entwickelt. So gelang insbesondere die Liberalisierung im Telekommunikationsbereich. Insgesamt steht Deutschland bei der Liberalisierung gegenüber Frankreich und Japan nicht schlecht da (siehe

	Telekommunikation	Energie/ Versorger	Handel	Banken	Bergbau	Bahn	Landwirtschaft
Deutschland	++	-	+	+	-	--	-
GB	++	+	+	+	Weitgehend stillgelegt	+	+
Frankreich	+	--	+	-	-	--	-
USA	++	+	++	+	+	+	+
Japan	+	-	+	-	-	+	-

++ Bereich privatisiert, starker Wettbewerb
+ Staatliche Eingriffe, Wettbewerb funktionsfähig
- Staatliche Subventionen, wenig Wettbewerb, aber private Unternehmen vorhanden
-- Staatliches Monopol

Quellen: World Competitiveness Yearbook; BMW; BCG-Analyse

Abbildung 51: Brancheneingriffe des Staates im internationalen Vergleich

Abbildung 51). Gleichzeitig gibt es größere Defizite gegenüber den angelsächsischen Ländern im allgemeinen Handel und in den Bereichen Bahn, Landwirtschaft und Energie/Versorger, obwohl Letztere auf einem richtigen Weg sind.

Die Liberalisierung bestimmter Gütermärkte, die noch vor zehn Jahren aus staatlich geschützten Monopolen bestanden, ist wohl die wirkungsvollste Reformmaßnahme, zu der die Politik in Deutschland im letzten Jahrzehnt fähig war. Die Öffnung der Telekommunikationsmärkte sorgte für einen Preisverfall und einen Technologiewettbewerb, wie man sie in diesem Maße nicht für möglich gehalten hätte. Diese konsequente Liberalisierung hat uns äußerst günstige Telekommunikationskosten beschert (siehe Abbildung 52).

Auf dem Strommarkt haben wir nach der Deregulierung nur anfangs sinkende Preise erlebt; inzwischen ist durch Unternehmenszusammenschlüsse faktisch ein Oligopol entstanden – mit steigenden Preisen. In der Gaswirtschaft wurden die positiven Auswirkungen der Liberalisierung für die Kunden durch eine Verbändevereinbarung verhindert, die den Netzzugang regelt.

In der Gaswirtschaft ist trotz Liberalisierung noch kein wirksamer Wettbewerb entstanden. Nach Einschätzung der Deutschen Bank ist das Netzzugangsmodell, das aus der Verbändeverein-

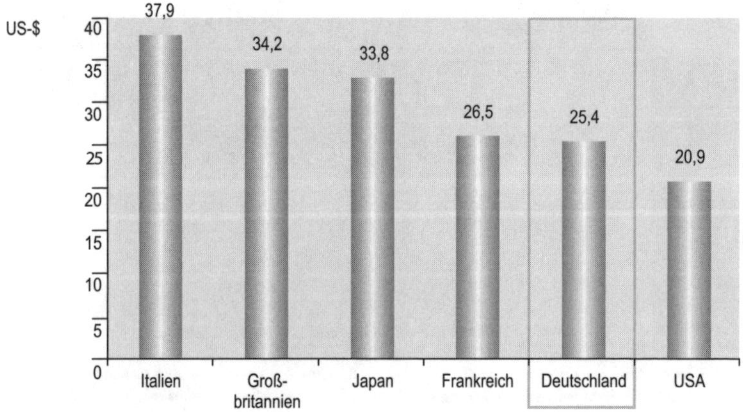

Quelle: OECD 2003/NFO Infratest

Abbildung 52: Kosten für 20 Stunden Internetnutzung zu Spitzenzeiten barung resultierte, nicht für den Wettbewerb im Massengeschäft geeignet. Eine Regulierungsbehörde analog derjenigen für Telekommunikation würde mehr Wettbewerb und Wachstum bewirken.

Der deutsche Postmarkt ist bei Kurier-, Express- und Paketdienstleistungen vollständig liberalisiert, mit den entsprechenden positiven Folgen. Im lizenzierten Briefbereich beträgt der Marktanteil der Deutschen Post AG dagegen knapp 97 Prozent. Resultat: Deutschland hat die zweithöchsten Portokosten im Vergleich der Euroländer (siehe Abbildung 53).

Der Vergleich der Preisentwicklung bei Telekommunikation und Briefpost macht deutlich, welche Vorteile für den Verbraucher eine konsequente Liberalisierung mit sich bringt. Wichtige Branchen wurden jedoch noch nicht liberalisiert, vornehmlich Gas, Wasser und die Bahn. Eine umfassende Reform für Deutschland muss auch diese Branchen vom Zugriff der (Staats-)Monopolisten beziehungsweise der Kartelle befreien. Hiervon versprechen wir uns wegen der resultierenden gesamtwirtschaftlichen Vorteile einen deutlichen Wachstumsschub. Zumindest in den ersten Jahren müssen die liberalisierten Märkte von staatlicher Seite reguliert werden; die bei deutschen Politikern so beliebten freiwilligen Verbändevereinbarungen bewirken nur, dass der Markt mit mehr oder

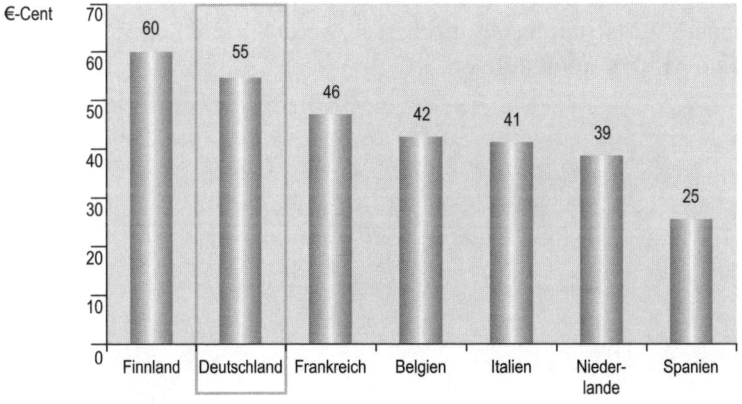

Quelle: Poststitter, Stand Januar 2003

Abbildung 53: Portovergleich Briefversand (20 g) Inland

weniger subtilen Methoden für neue Wettbewerber verschlossen bleibt.

Leider ist auch die deutsche Position in wettbewerbspolitischen Fragen bei der EU eher wettbewerbsfeindlich. Dies zeigt sich zum Beispiel am Widerstand der deutschen Regierung gegen die konsumentenfreundliche Novellierung der Gruppenfreistellungsverordnung im Automobilhandel.

Viel Schatten, aber wenig Licht finden wir auch in der am stärksten reglementierten Branche, der Landwirtschaft – allerdings europaweit. Das unsägliche System aus staatlich regulierten Preisen, Interventionen und Reglementierungen wird jetzt sogar noch auf die neu in die EU eintretenden mittel- und osteuropäischen Staaten ausgedehnt.

Unser Plädoyer lautet also, die Liberalisierung im Energiebereich, bei der Bahn und in der Landwirtschaft anzugehen beziehungsweise zu vollenden. Der deutsche Sonderweg der Verbändevereinbarung hat sich als Irrweg erwiesen: Bei uns wie in anderen europäischen Ländern sind Aufsichtsbehörden mit weit reichender Eingriffsbefugnis erforderlich, um zu verhindern, dass die heutigen Marktteilnehmer den Markt gegen Neuzutritte abschotten und dann die Preise erhöhen. Außerdem sollte Deutschland den Liberalisierungsbestrebungen der EU-Kommission (zum Beispiel hinsichtlich Unternehmen mit öffentlichen (Mit-)Eigentümern wie Landesbanken und VW) nicht länger entgegenstehen. Es wäre für unsere Wirtschaft insgesamt besser, wenn wir die Kommission mit allen Kräften unterstützten.

Kapitel 9
Gesamtreform statt Flickwerk – der Befreiungsschlag

Eine umfassende wirtschaftspolitische Gesamtreform wird seit langem in der Öffentlichkeit gefordert. Wenn die Inhalte detailliert werden, ist man sich schon weniger einig. Unser Vorschlag zur Gesamtreform umfasst alle Politikbereiche – in sich konsistent und konsequent.

Einige Maßnahmen, die wir hier vorschlagen, sind neu, vor allem in den Bereichen Arbeitsmarkt, Steuer- und Gesundheitssystem. Viele Maßnahmen sind in unterschiedlichen Ausprägungen vor- und angedacht worden. Entscheidend und in bisherigen Ansätzen unberücksichtigt ist aber die Gesamthaftigkeit und Konsistenz aller Vorschläge:

Arbeitsmarkt	1. Zusammenlegung und Absenkung Sozial-/Arbeitslosenhilfe 2. Anrechnung von Arbeitseinkommen auf Transfers nur zu 50 % 3. Deregulierung/Flexibilisierung
Steuersystem	1. Progressiver Tarif von 15 % bis 40 % 2. Verbreiterung Bemessungsgrundlage mit Streichung Ausnahmeregeln 3. Hoher Freibetrag von € 10 000
Rentensystem	1. Ergänzung Sozialversicherungsrente durch kapitalgestützte Rente (Pflicht) ▪ Steigerung geförderter Arbeit auf 8 % vom Bruttoeinkommen 2. Reduktion Rentenniveau 3. Späteres Renteneintrittsalter
Gesundheitssystem	1. Verpflichtender Allgemeintarif und optionale Tarife, mit Selbstbehalt 2. Aufhebung Kontrahierungspflicht und effizientere Leistungserbringung 3. Kontrollierte Leistungsstandards
Bildungssystem	1. Bessere Qualität durch Standards und Leistungsanreize 2. Verkürzung Schul- und Hochschulausbildung 3. Ausbau Fort- und Weiterbildung
Subventionen/ Staatsinterventionen	1. Abschaffung Subventionen 2. Privatisierung Staatsunternehmen 3. Abbau Regulierungen

Quelle: BCG-Analyse

Abbildung 54: Gesamtreform

- Erst die aufeinander abgestimmte Kombination aller Maßnahmen setzt Wachstumskräfte frei. Die Senkung der Steuern, Renten- und Krankenversicherungsbeiträge erhöht genauso die Arbeitsmotivation wie die Reduzierung der Lohnersatzleistungen. Diese Beiträge können aber nur gesenkt werden, wenn die Leistungsseite reformiert wird. Sinkende Lohnnebenkosten und flexiblere Arbeitsmärkte führen zu geringeren Einstellungshemmnissen und damit zu mehr Beschäftigung. Im Bildungssektor sind Veränderungen nötig, damit die Arbeitskräfte der Zukunft die Qualifikationen aufweisen, die die Unternehmen benötigen. Andererseits sorgt gerade die Wachstumsdynamik infolge der wirtschaftspolitischen Reformen dafür, dass gut qualifizierte Stellenbewerber gesucht werden. Die Maßnahmen sind so aufeinander abgestimmt, dass sie sich nicht gegenseitig blockieren, sondern verstärken.
- Bei einer gleichzeitigen Verwirklichung aller vorgeschlagenen Reformen ist eine Halbierung der Arbeitslosigkeit innerhalb von fünf bis zehn Jahren möglich. Je zügiger die Reformen umgesetzt werden, desto eher wird dieses Ziel erreicht. Diese Zahl erscheint nicht so spektakulär wie manche Versprechungen der Politiker, doch ist sie vorsichtig gerechnet und basiert auf Erfahrungen anderer Länder. Damit unterscheidet sie sich von den eingangs erwähnten Vorhersagungen der Politiker, deren Verwirklichung von beinahe allen seriösen Experten als unrealistisch eingeschätzt wird.
- Wichtig ist der psychologische Effekt zweiter Ordnung, der von dieser umfassenden und dennoch ausgewogenen Gesamtreform ausgeht. Er macht allen wirtschaftlichen und politischen Entscheidungsträgern klar, dass die »deutsche Krankheit« der Reformunfähigkeit überwunden ist. Dadurch kann ein neuer wirtschaftlicher Aufbruch beginnen. Endlich kann der »Ruck« durch das Land gehen.

Die Umsetzung dieser Reform gehorcht einer dialektischen Logik: Sie wird nicht einfach zu verwirklichen sein, weil alle Interessengruppen betroffen sind und deshalb ihr Veto einlegen dürften. Andererseits ist eben diese möglichst gleichmäßige Betroffenheit Voraussetzung dafür, dass die Reform als ausgewogen und fair – weil jeden treffend – angesehen wird. Für eine »ausgewogene Nichtbetroffenheit« ist es zu spät.

Bei einer schrittweisen Umsetzung besteht die große Gefahr, dass auf Grund der zahlreichen Widerstände die politischen Reformkräfte erschöpft sein werden, noch bevor alle notwendigen Gesetze verabschiedet sind. Die einzelnen Elemente der Reform würden jeweils ein eigenes Gesetzgebungsverfahren durchlaufen; mit jedem Kompromiss über die föderalen Ebenen oder zwischen Interessengruppen hinweg, bewegen die Teile sich weiter weg von dem notwendigen Ganzen. Manche Reformen passieren sofort, andere werden um Jahre vertagt. Nichts passt mehr zusammen – wir wären nicht nur wieder da, wo wir angefangen haben, sondern wahrscheinlich in einem noch komplexeren, chaotischeren System. Um diesem Scheitern des Reformkonzepts in den Mühlen des politischen Prozesses schon im Ansatz zu begegnen, ist es wünschenswert, wenn nicht notwendig, dass die Reform der »Deutschland AG« in einem Schritt durchgeführt wird. Der beschworene »große Wurf« muss genau das sein: ein Wurf, eine Initialzündung, der »Big Bang« – ein echter Befreiungsschlag. Ein optimiertes Reformpaket, welches in einem Entscheidungsprozess irreversibel geschnürt wird. Nur dann kann die Wirkung zeitlich sinnvoll einsetzen, und Synergieeffekte zwischen allen Maßnahmen genutzt werden. Alle Reformelemente können ineinander greifen und sich wechselseitig verstärken. Und nur dann ist die politische Belastung der Handelnden minimiert. Statt in verschiedensten Reformprozessen immer wieder im Kreuzfeuer der Öffentlichkeit zu stehen, wird die notwendige Auseinandersetzung einmal geführt. Diese Diskussion wird hart und schmerzhaft sein, eine Herausforderung an staatsmännisches Handeln und das nachhaltige Symbol politischer Handlungsfähigkeit. Aber die Entschlossenheit dieses Vorgehens ist der erste Schritt für wahre Aufbruchsstimmung im Land – den Glauben, dass sich wirklich etwas ändern kann und wird, den wir alle so schmerzlich vermissen.

Die Überwindung der politischen Widerstände durch die Vertreter gesellschaftlicher und politischer Teilinteressen erfordert eine möglichst gleichmäßige Belastung aller Bevölkerungsgruppen. Da letztlich alle Bürger von einer positiven wirtschaftlichen Entwick-

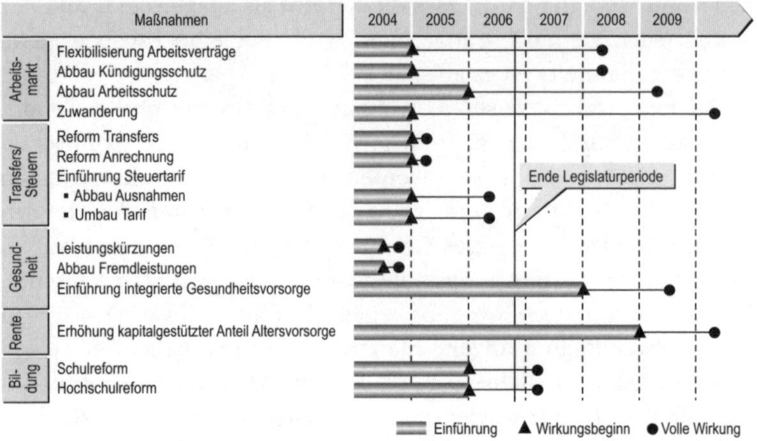

Abbildung 55: Timing und Wirkungsverzögerungen einer Gesamtreform

lung der Volkswirtschaft profitieren, wäre die Gruppe der Belasteten und Entlasteten identisch. Das »Gefangenendilemma« könnte überwunden und ein gesellschaftlicher Konsens zur Durchführung der Reformen gesichert werden. Eine politische Voraussetzung ist ein koordiniertes Vorgehen aller entscheidenden Ministerien (Wirtschaft und Arbeit, Finanzen, Gesundheit und Soziales, Bildung) und aller politischen Kräfte – auch der Opposition. Der Zwang zur »Kohabitation« von Bundesrat und Bundestag nach den letzten Machtverschiebungen ist dabei eine historische Chance.

Über die inhaltlichen Anforderungen an eine Gesamtreform hinaus ist ein langer Atem erforderlich, da schmerzhafte, aber unvermeidbare Nebenwirkungen zum Teil kurzfristig sichtbar werden können, während die positiven Wirkungen sich über die Zeit aufbauen und verstärken – ein weiterer Grund für eine Verabschiedung und Einführung der Reform in einem Schritt.

Kapitel 10
Aufruf

Unser Parforceritt durch die wichtigsten reformbedürftigen Politikbereiche ist abgeschlossen. Die wirtschaftliche Schwäche Deutschlands in Relation zu anderen EU-Staaten und den USA ist auf einen gewaltigen Reformstau in allen wirtschafts- und sozialpolitisch relevanten Bereichen zurückzuführen.

Nur mit Hilfe eines in sich abgestimmten, konsistenten Reformkonzepts kann Deutschland vom Schlusslicht Europas wieder zur Wachtumslokomotive werden. Die notwendigen Maßnahmen in allen wirtschaftspolitischen Teilbereichen sind so aufeinander abgestimmt, dass die maximale Wirkung eintreten kann – unter Wahrung der sozialen Balance. Die Forderung der Deutschen Bundesbank[54] ist damit erfüllt: »Entscheidend ist dabei, dass die notwendige Fülle von Einzelmaßnahmen in eine schlüssige Gesamtstrategie für strukturpolitische Reformen und den Einsatz der Makropolitik eingeordnet wird. Erst das Zusammenwirken der verschiedenen Politikbereiche erzeugt die notwendige Durchschlagskraft für eine Redynamisierung der Wirtschaft.«

Der zu erwartende Widerstand von Interessengruppen muss durch eine gleichmäßige Belastung aller Betroffenen und durch eine gleichzeitige Verabschiedung aller Reformen, einen Befreiungsschlag, den »Big Bang«, gebrochen werden. Denn für jede hier vorgeschlagene Einzelmaßnahme lassen sich leicht Gegenargumente finden. Deshalb muss der Gesamtzusammenhang klar und das Ganze in einem konsistenten Paket umgesetzt werden.

Nun gilt es zu handeln. Nach Berechnungen der Bundesbank wird das Potenzialwachstum der deutschen Wirtschaft von derzeit 1,5 Prozent pro Jahr auf 1 Prozent pro Jahr sinken, wenn die nöti-

Gesamteffekt der Reformen auf die öffentlichen Haushalte

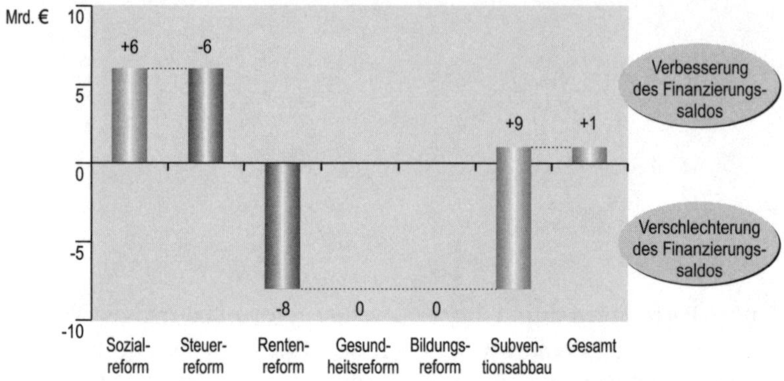

Quelle: BCG-Analyse

Abbildung 56: Auswirkungen der Reformen auf die öffentlichen Haushalte

gen Reformen weiter verzögert werden – mit allen Folgen für Arbeitslosigkeit, öffentliche Finanzen, sozialen Frieden und Zukunftsfähigkeit. Die Zeit drängt.

An den Kosten wird unser Reformkonzept nicht scheitern: Es ist aufkommensneutral (siehe Abbildung 56)! Die positiven Auswirkungen durch eine Stärkung des Wirtschaftswachstums und Abbau der Arbeitslosigkeit sind dabei nicht einmal einkalkuliert.

Eine Gesamtreform erfordert staatsmännische Größe. Den Medien kommt dabei eine entscheidende Bedeutung zu. Es wäre äußerst leicht, diese Reform zu zerreden. Deshalb ist es nicht nur hilfreich, sondern notwendig, wenn die Medien ein solches Jahrhundertvorhaben positiv begleiten. Vielleicht ist es ja gar nicht so, dass die Leser Negativschlagzeilen lieber lesen als positive: Sportzeitungen werden jedenfalls nach Siegen deutscher Athleten mehr gekauft als nach Niederlagen. Die Medien müssen einen generellen Bewusstseinswandel in der Bevölkerung aktiv mitgestalten – und vielleicht selbst durchmachen. Alle Interessengruppen aus Politik, Wirtschaft, Wissenschaft und Medien müssen ihre eigenen Interessen zu Gunsten des Allgemeinwohls zurückstellen. Wenn reformwillige Politiker in Deutschland aus allen Parteien damit anfangen, die Interessen der Allgemeinheit über ihre Eigeninteressen und die ihrer Klientel zu stellen, und wenn die Bevölkerung solche Reformbereitschaft aktiv unterstützt, ist der Erfolg möglich.

»Zur Veränderung gehört Mut, die kleinen Stellschrauben werden angesichts der großen Strukturprobleme, vor denen wir stehen, nicht mehr ausreichen. Wir müssen reinen Tisch machen, die Probleme offen und ehrlich ansprechen und Partikularinteressen nicht als Entschuldigung für das Nichtstun nutzen. Handlungsdruck und Entscheidungstragweite sind zu groß, als dass wir es uns auch weiterhin erlauben dürfen, durch den Konsens in den kleinsten gemeinsamen Nenner getrieben zu werden.«[55]

Diesen vor fünf Jahren niedergeschriebenen Worten ist auch im Jahre 2003 nichts hinzuzufügen.

Der Befreiungsschlag kann gelingen. Wir müssen es nur wollen.

Anmerkungen

Kapitel 1

1 *Newsweek,* 18. November 2002.
2 IMD (International Institute for Management Development): World Competitiveness Yearbook, Lausanne; erscheint jährlich seit 1989.
3 WEF (World Economic Forum): Global Competitiveness Report, Oxford University Press; erscheint jährlich seit 2001.
4 Sachverständigenrat für die Konzertierte Aktion im Gesundheitswesen: Bedarfsgerechtigkeit und Wirtschaftlichkeit. Gutachten. Baden-Baden 2000/2001, Nomos Verlag.
5 Walter Eucken (1940): Grundlagen der Nationalökonomie. Neuauflage Springer 1992.

Kapitel 2

6 Siehe: Mancur Olson (1971): Die Logik des kollektiven Handelns. Neuauflage Mohr 1992.

Kapitel 3

7 Konrad Wetzker, Peter Strüven, Linda Bilmes: Gebt uns das Risiko zurück. Hanser 1998.

8 Alfred Boss (2002): Sozialhilfe, Lohnabstand und Leistungsanreize. Empirische Analyse für Haushaltstypen und Branchen in West- und Ostdeutschland. Institut für Weltwirtschaft, Kiel.
9 *Financial Times Deutschland*, 23. Januar 2002.
10 Beispielsweise Institut für Arbeitsmarkt- und Berufsforschung (IAB)/INFAS (2002): Struktur der Arbeitslosigkeit im Frühjahr 2000; RWI (2002): Struktur der Arbeitslosigkeit in Nordrhein-Westfalen zu Beginn des Jahres 2000.
11 Dies sind 90 Prozent aller Betriebe in Deutschland; sie beschäftigen 28 Prozent aller Mitarbeiter.

Kapitel 4

12 The World Competitiveness Yearbook 2001.
13 Effekte wie der Ausfall der Körperschaftsteuer in den Jahren 2001 und 2002 auf Grund der Eichelschen Steuerreform beeinflussen ausschließlich Kapitalgesellschaften und stellen nur eine vorübergehende Reduktion der Unternehmenssteuern dar.
14 Schätzung für 2003, *WirtschaftsWoche* vom 6. Februar 2003.
15 Darin liegt der signifikante Unterschied zum Steuerkonzept der FDP: Während dies eine starke Umverteilung zu Gunsten der höheren Einkommensgruppen bewirkt, ist unser Steuer- und Transfersystem insgesamt nahezu umverteilungsneutral.
16 Stand Februar 2003.
17 Quelle: Deutsche Bundesbank, Unternehmensbilanzstatistik.
18 Nicht jedoch hinsichtlich des Tarifs; wir sehen bei der Kirchhof-Reform zu viele Verlierer gerade bei den kleinen Einkommen und schlagen daher einen höheren Grundfreibetrag und einen höheren Spitzensteuersatz als der »Karlsruher Entwurf« vor. Bei verbesserter Wirtschaftslage sollten zukünftig Gesamtentlastung und Steuersätze neu überdacht werden.
19 Analog bei nicht selbst genutzten Grundstücken, die länger als zehn Jahre gehalten wurden.
20 Andere Länder haben teils deutlich weiter gehende Verrechnungsmöglichkeiten, wie beispielsweise die Möglichkeit eines

Verlustnachtrags bis zu zwei Jahre vor der Investition in den USA.

Kapitel 5

21 Durchschnittliche Rendite eines Portfolios, abzüglich 1 Prozent Verwaltungsaufwand pro anno.
22 Entspricht der durchschnittlichen Rendite eines gemischten Aktien- und Rentenportfolios über die letzten 30 Jahre.

Kapitel 6

23 Hofmann, Mill, Schneider (Basys GmbH, Augsburg); Bundesministerium für Gesundheit (1998).
24 Internationale Vergleichszahlen von 1999; neuere Daten liegen für Deutschland bei 10,7 Prozent BIP.
25 Gutachten des Sachverständigenrates für die konzertierte Aktion im Gesundheitswesen 2000/2001, Band III: Über-, Unter- und Fehlversorgung, Nomos Verlag.
26 Pauschalprämie in der Krankenversicherung: Ein Weg zu mehr Effizienz und mehr Gerechtigkeit, Vereinigung der Bayerischen Wirtschaft e. V. (vbw), Juli 2002.
27 OECD Health Statistics 2001.
28 Kalkulation aller Werte auf verfügbaren Basisdaten 1997.
29 Ein beredtes Beispiel: Das Städtische Klinikum München-Harlaching führt jetzt (2003) Windows NT als Betriebssystem ein, das 1996 auf den Markt kam. Nicht nur ist Microsoft mittlerweile zwei Generationen Betriebssysteme weiter; Windows NT wird nach diesem Jahr von Microsoft gar nicht mehr unterstützt und im Laden schon lange nicht mehr verkauft.
30 Andreas Poensgen: Konsequent die Zukunft des Gesundheitswesens gestalten. BCG Internal Innovation Series 2003.
31 Ärztliche Leistungen werden durch die Kassenärztliche Vereinigung mit relativen Punkten verrechnet: Je höher die Zahl der von allen Ärzten eingereichten Punkte, desto weniger ist

ein Punkt wert – eine Erhöhung der abgerechneten Leistungen hat widersprüchliche Effekte.

32 Andreas Poensgen: Konsequent die Zukunft des Gesundheitswesens gestalten. BCG Internal Innovation Series 2003.

33 Andreas Poensgen: Konsequent die Zukunft des Gesundheitswesens gestalten. BCG Internal Innovation Series 2003.

34 Beispiel ist das Sterbegeld, welches unabhängig vom Einkommen bei Todesfällen ausgezahlt wird und ursprünglich – im 19. Jahrhundert – der Finanzierung eines menschenwürdigen Begräbnisses diente.

35 Berechnung auf Basisdaten 1997.

36 Kalkulation aller Werte auf verfügbaren Basisdaten 1997.

37 Entsprechender Spielraum ist in unserem Vorschlag eines Transfersystems enthalten.

38 Beispiel: Presseerklärung des vzbv (Verbraucherzentrale Bundesverband) vom 28. September 2001.

39 Gesundheitsberichterstattung Bund 04/2001.

40 Finanzierung, Nutzerorientierung und Qualität, Gutachten 2003, Sachverständigenrat für die konzertierte Aktion im Gesundheitswesen, S. 283 ff., hier zitiert S. 305.

41 So befragt etwa das renommierte Picker-Institut Patienten konkret und in standardisierter Weise über ihre Erfahrungen mit einer Krankenhausbehandlung. Dabei werden beispielsweise folgende Fragen gestellt: Wurden Sie mit Namen angeredet? Mussten Sie mehrere Tage auf die Operation warten? Kannte der Arzt die Akte, bevor er Sie untersuchte?

42 Zum Beispiel standardisierte Messung von Ergebnisqualität im Krankenhaussektor (National Strategy for Quality Improvement in Health Service).

43 Andreas Poensgen: Konsequent die Zukunft des Gesundheitswesens gestalten. BCG Internal Innovation Series 2003.

44 Präparate mit dem gleichen Wirkstoff unter anderem Markennamen.

45 Vorbildliche Nachbarn, Der Spiegel 1/2003.

46 Beispielsweise Härtefallregelungen, Förderung der Familien, Zuschüsse jeglicher Art.

47 Durch ein übergreifendes Gremium von Anbietern und Versicherungen unter Führung des Bundesgesundheitsministeriums.

48 Gegenwärtig auch in der privaten Krankenversicherung nicht möglich, das heißt, Versicherte werden ab einem gewissen Alter effektiv an ihre Versicherung gebunden.

Kapitel 7

49 Vgl. Federico Foders (2001): Bildungspolitik für den Standort D.

50 Ludger Wößmann (2000): Schooling Resources, Educational Institutions, and Student Performance: The International Evidence. Institut für Weltwirtschaft an der Universität Kiel.

Kapitel 8

51 Eine neuere internationale Studie der 500 größten Unternehmen außerhalb der USA hat wieder bestätigt, dass private und privatisierte Unternehmen eine mehr als doppelt so hohe Kapitalrendite aufweisen als Unternehmen in öffentlichem Mehrheitsbesitz. (K. Dewenter, P. H. Malatesta (2001): State-owned and Privately Owned Firms: An Empirical Analysis of Profitability, Leverage and Labour Intensity. American Economic Review).

52 A. Boss und A. Rosenschon (2002): Subventionen in Deutschland. Institut für Weltwirtschaft, Kiel.

53 Einen solchen Schritt haben auch die Ministerpräsidenten von Hessen und Nordrhein-Westfalen im März 2003 vorgeschlagen.

Kapitel 10

54 Wege aus der Krise. März 2003.

55 Konrad Wetzker, Peter Strüven, Linda Bilmes (1998): Gebt uns das Risiko zurück. Strategien für mehr Arbeit.

Register

Gesamtstrategie für einen nachhaltigen wirtschaftlichen Aufschwung

Arbeitsmarkt

- Zusammenlegung und Absenkung Sozial-/Arbeitslosenhilfe
- Anrechnung von Arbeitseinkommen auf Transfers nur zu 50%
- Deregulierung/Flexibilisierung

Rentensystem

- Ergänzung Sozialversicherungsrente durch kapitalgestützte Rente (Pflicht)
  - Steigerung geförderter Anteil auf 8% vom Bruttoeinkommen
- Reduktion Rentenniveau
- Späteres Renteneintrittsalter

Bildungssystem

- Bessere Qualität durch Standards und Leistungsanreize
- Verkürzung Schul- und Hochschulausbildung
- Ausbau Fort- und Weiterbildung

Steuersystem

- Progressiver Tarif von 15% bis 40%
- Verbreiterung Bemessungsgrundlage mit Streichung Ausnahmeregeln
- Hoher Freibetrag von € 10.000

Gesundheitssystem

- Verpflichtender Allgemeintarif und optionale Tarife, mit Selbstbehalt
- Aufhebung Kontrahierungspflicht und effizientere Leistungserbringung
- Kontrollierte Leistungsstandards

Subventionen/Staatsinterventionen

- Abschaffung Subventionen
- Privatisierung Staatsunternehmen
- Abbau Regulierungen